Subversión y creatividad

Wor(l)ds of Change
Latin American and Iberian Literature

Kathleen March
General Editor

Vol. 33

PETER LANG
New York • Washington, D.C./Baltimore • Boston
Bern • Frankfurt am Main • Berlin • Vienna • Paris

Carmen L. Montañez

Subversión y creatividad

El personaje femenino en la cuentística de varias escritoras puertorriqueñas

PETER LANG
New York • Washington, D.C./Baltimore • Boston
Bern • Frankfurt am Main • Berlin • Vienna • Paris

Library of Congress Cataloging-in-Publication Data

Montañez, Carmen L.
Subversión y creatividad: el personaje femenino en la cuentística de varias escritoras puertorriqueñas / Carmen L. Montañez.
p. cm. — (Wor(l)ds of change: Latin American and Iberian literature; v. 33)
Includes bibliographical references and index.
1. Short stories, Puerto Rican—History and criticism. 2. Puerto Rican fiction—Women authors—History and criticism. 3. Puerto Rican fiction—20th century—History and criticism. 4. Women in literature. 5. Feminism and literature—Puerto Rico. I. Title. II. Series: Wor(l)ds of change; vol. 33.
PQ7432.M66 863'.010897295—dc20 96-41572
ISBN 0-8204-3491-4
ISSN 1072-334X

Die Deutsche Bibliothek-CIP-Einheitsaufnahme

Montañez, Carmen L.:
Subversión y creatividad: el personaje femenino en la cuentística de varias escritoras puertorriqueñas / Carmen L. Montañez. –New York; Washington, D.C./Baltimore; Boston; Bern; Frankfurt am Main; Berlin; Vienna; Paris: Lang.
(Wor(l)ds of change; Vol. 33)
ISBN 0-8204-3491-4
NE: GT

The paper in this book meets the guidelines for permanence and durability of the Committee on Production Guidelines for Book Longevity of the Council of Library Resources.

Printed in the United States of America.

Para Papá (qpd), Mamá y mis hermanos,
con todo mi amor.

Para Carmencita, Carlos y Juan-Carlos,
que nacieron del amor.

Para Charlie, que es el amor.

AGRADECIMIENTOS

Mi eterno agradecimiento a Susan de Carvahlo, a quien le debo tanto, muchísimas gracias.

Gracias a Indiana State University Research Committee.

C. L. M

LISTA DE CONTENIDO

INTRODUCCIÓN

La participación activa de la mujer como escritora en la narrativa contemporánea y su aceptación en el conjunto literario ha contribuido al enriquecimiento de la literatura universalmente. Este hecho les ha asignado a los críticos literarios la tarea de enfocar, en una forma más directa, su interés de estudio hacia la creación femenina. Es un hecho que la mujer se ha dedicado a escribir como oficio, y que es prominente el uso de los personajes femeninos como elemento identificador y simbólico en sus obras. Con los estudios críticos, ya sea sobre la proliferación de escritoras en nuestro siglo o sobre la mujer como personaje, han surgido unas consideraciones que se han hecho un tanto difícil de dilucidar, debido a lo delicado del asunto. Un aspecto que los críticos y críticas han tratado de aclarar, al estudiarse esta proliferación de autoras y personajes femeninos, es la cuestión de qué es una escritura femenina. Para Biruté Ciplijauskaité la pregunta sigue en vigor, a pesar de ella misma haberse dado a la tarea por muchos años de reflexionar sobre el asunto y estudiar cuidadosamente unas "seiscientas novelas" con esta intención. Al final de su obra *La novela femenina contemporánea (1970-1985)* de 1988, dedicada exclusivamente a novelas de escritoras europeas, Ciplijauskaité señala que "si existe o no un estilo decididamente femenino, hay que admitir con humildad que la cuestión queda abierta."[1]

Sin embargo, después de leer el texto de Ciplijauskaité y otros textos críticos,[2] podemos proponer algunas características que pueden identificar un estilo femenino. En primer lugar, se nota el uso de la primera persona, el cual ha ido evolucionando desde siglos pasados. En la literatura europea de mujeres de los siglos XVIII y XIX se destacaban las cartas y las memorias biográficas, en las cuales era muy propenso y adecuado el emplear la voz de la primera persona. En la literatura contemporánea escrita por mujeres, el uso del yo permite a la escritora explorar en su interior y crear un auto-retrato, ya sea individual o colectivo, que la encamina a un auto-descubrimiento; además, como señala Elizabeth Bruss, el uso del "yo" puede servir como "corrección o destrucción de la imagen del 'yo' concebido desde fuera."[3]

Además, existe la preocupación de crear un estilo personal por parte de las escritoras. En otras palabras, las escritoras contemporáneas han encontrado su propia expresión individual. Algunos críticos han afirmado que en el pasado, cuando las escritoras insistían en crear su propio estilo, a ellas se les calificaba de vírgenes, solteras o lesbianas. Cristina Peri Rossi, al hablar de la escritora latinoamericana en su artículo "Asociaciones," señala que "aún muy recientemente toda mujer que se atrevía a defender su posición como escritora corría el riesgo de verse proclamada atea, prostituta o comunista."[4] Otros han afirmado que hoy día la escritora latinoamericana es atrevida e innovadora en su estilo. Como observa Ciplijauskaité, "si en el siglo XIX la mujer tenía que probar que sabía escribir, y por eso se suscribía a los cánones de la 'escritura correcta' de los hombres, hoy puede permitirse salir en busca de una expresión original."[5]

Igualmente, la escritora contemporánea ha conseguido una visión sintética, pues ésta ha logrado fijarse en detalles pequeños; recoge situaciones espontáneas, expuesto todo en oraciones cortas, sin ilación aparente. Este rechazo a la sintaxis, el anacronismo en sus relatos y el rechazo a las reglas de la escritura son condiciones impuestas por la misma escritora; por consiguiente, son unas características adquiridas conscientemente.

Finalmente, se concibe la escritura de la mujer como arte. El ambiente en que se desenvuelve la mujer hoy día concede unas prerrogativas que alimentan la mente creadora de las féminas y las ha llevado a una madurez en su creación. Ya la mujer no necesita la escritura como un medio de exorcismo, o escape de su ira y su amargura. Sin embargo, tal vez no sería impropio decir que esta ira, amargura e inconformidad han hecho posible, hasta cierto punto, la narrativa femenina tal como la conocemos hoy día.

Algunos críticos han señalado, al analizar la literatura femenina peninsular, que muchas de las escritoras, al comienzo de su creación literaria, escribieron autobiografías con personajes masculinos, porque se sentían presionadas por varios factores, entre ellos el público.[6] Sin embargo, la escritora contemporánea, ya sea que escriba novelas o cuentos, se ha valido del personaje femenino para expresar, por medio de la palabra escrita, lo que ella rechaza y por lo que ella aboga. Los personajes creados por las escritoras son aquellos que muestran que la mujer en cierta forma pertenece a un grupo minoritario, en una sociedad predominantemente masculina. Este grupo se distingue dentro de esa estrata dominante por sus descripciones físicas, la tradición histórica y los roles sociales. En el caso de la cuentística puertorriqueña, el personaje femenino se destaca, desde los años 70 en adelante, en cuanto a que ya no es una ornamentación de la narrativa. Su participación es una de predominio.

Reconocemos que, en la cuentística puertorriqueña, se ha dado el caso de que algunos escritores masculinos han creado personajes femeninos con las mismas intenciones de las mujeres escritoras. Ellos, y podemos mencionar especialmente a Manuel Ramos Otero y a Juan Antonio Ramos, se han considerado partícipes de grupos minoritarios que, como las mujeres, han sido rechazados por la sociedad.[7] En nuestro estudio no incluiremos a estos escritores, aunque estamos conscientes del valor literario de sus obras, y nos concentraremos en aquellos autores como René Marqués y Luis Rafael Sánchez, los cuales examinaremos en el trasfondo histórico, por ser ellos los que han contribuído de forma más directa al desarrollo del personaje femenino.

En este estudio nos proponemos analizar el personaje femenino como objetivo o tema a tratar. Concentraremos la investigación en el cuento porque éste presenta ciertos aspectos innovadores; es el género más utilizado por las escritoras puertorriqueñas contemporáneas; y es en el cuento donde el personaje femenino ha funcionado como uno de los elementos más significativos del proceso creativo de la comunidad literaria puertorriqueña. Comenzaremos presentando un trasfondo histórico del personaje femenino tradicional; seguidamente reflexionaremos sobre los personajes femeninos presetados en cuentos representativos de Rosario Ferré, Ana Lydia Vega, Olga Nolla, Magali García Ramis, Carmen Lugo Filippi y Nicholasa Mohr. Estas cuentistas muestran, en estilos diferentes, el desarrollo y la manipulación del personaje femenino, con el fin de discutir la relación del personaje femenino y las realidades históricas; el proceso de concientización a través del personaje femenino; el personaje femenino y la escritura rebelde como signo de rechazo a las estructuras literarias existentes.

Es grato afirmar, al examinar los postulados que identifican a una escritura de posboom y reflexionar sobre el tema feminocéntrico de las cuentistas puertorriqueñas contemporáneas, que ellas han contribuido a la renovación y enriquecimiento de las letras puertorriqueñas y, a la vez, este hallazgo las ha hecho merecedoras de ser admitidas en la *novísima* generación.

UNO
El personaje femenino tradicional

En la literatura puertorriqueña desde un poco antes de comenzar la segunda mitad del siglo XX, los escritores–tanto femeninos como masculinos–se han interesado por el personaje femenino como un elemento simbólico e idóneo de expresión. Además, como en la literatura hispanoamericana en general, la mujer como objeto y sujeto se ha hecho sentir en la literatura puertorriqueña. No aplica esta alegación a generaciones anteriores de escritores puertorriqueños que desde la mitad del siglo XIX comienzan a escribir el cuento literario. Con la publicación en 1843 de tres narraciones breves que aparecen en *Aguinaldo Puertorriqueño*, escrito por Martín I. Travieso y otros colaboradores, nace el cuento literario puertorriqueño. En esta obra no se le da ningún tratamiento a la mujer puertorriqueña como personaje, lo cual no fue un olvido intencionado, más bien las tramas de los cuentos se desarrollan en España y los relatos relacionados con Puerto Rico tenían el propósito de recoger los recuerdos de las costumbres de la Isla, para no olvidarlas. Los personajes femeninos que aparecen se adaptan a las costumbres y a la situación social, económica y moral de la Península. Por ejemplo, el cuento "La Infanticida," que relata la historia de una mujer deshonrada que mata a su hijo para guardar su honor y el de su padre, se desarrolla en su totalidad en España; y se utiliza un personaje femenino con el objetivo de reinvindicar al personaje masculino, quien luego de ultrajar a la mujer había huído a América y luego regresa a España arrepentido, donde muere santo. De esta forma el escritor puertorriqueño se acerca al tema del honor tan contemplado en la literatura española de esa época.

Los críticos literarios dedicados a estudiar la literatura puertorriqueña concuerdan en afirmar que la creación literaria, especialmente en cuanto al cuento se refiere, comienza con la colección *El Gíbaro* de Manuel Alonso, escrita en 1844 y publicada en Barcelona en 1849. Esta obra tiene un propósito didáctico específico porque así se lo propone Alonso, además de presentar las costumbres de la vida y la gente de la Isla. En esta colección, Alonso no le atribuye un tratamiento especial al personaje femenino, pero lo destacante de la colección es que por primera vez se presenta el habla campesina puertorriqueña o la voz popular, que los escritores posteriores repetirán y lograrán recrear con otras técnicas narrativas.

Para principios del siglo XX varios poetas escribieron cuentos siguiendo la retórica de los modernistas muy tardíamente. Algunos de los cuentos coincidieron en cuanto a la presentación de unos personajes femeninos refugiados en un mundo de princesas, cisnes, colores azulados, que identifica a la corriente modernista. En opinión de José Luis Vega, "la escritura se afrancesa brevemente, más bien se rubendariza un poco."[1] Una muestra es el cuento de Alfredo Collado Martell, "El Bibelot de mi escritorio" (1929), casi al estilo de "La muerte de la Emperatriz de la China" de Rubén Darío, que con un aire parisiano tardío, una prosa poética y un vocabulario rebuscado, le da vida a un objeto pequeño para alabar su apariencia artística.

Conjuntamente con Collado Martell y los otros modernistas puertorriqueños, coincide un grupo de escritores que, a pesar de "la brisa afrancesada" del momento, dan un toque criollo a sus obras, sobre todo con el uso del paisaje isleño y además, en sus cuentos estos escritores comienzan a presentar varias facetas de la mujer puertorriqueña. Como representantes con tendencias criollistas con el propósito de presentar el vivir cotidiano, debemos mencionar a María Cadilla de Martínez (autora que discutiremos más adelante), la escritora más destacada de principios de siglo y activista femenina, y los cuentos de Humberto Padró.

En el cuento de Padró, "Ironía del sueño,"[2] escrito en 1929, se representa a la mujer puertorriqueña que está comenzando a trabajar en un ambiente económico-social muy diferente a la campesina que se dedicaba a las faenas del cafetal y el cañaveral, o a los *bibelots* que alababa la prosa modernista puertorriqueña. Se trata de una joven de clase media baja que trabaja como dependienta en un almacén de ropa. Al comienzo del cuento, la protagonista está soñando que se ha casado con el hijo del dueño de la tienda donde trabaja. A la protagonista, en el disfrute de su sueño, todo le parece un cuento de hadas. Su madre la despierta y la joven se da cuenta que ha dormido más de lo debido y llega tarde a su trabajo. Al llegar, una compañera le entrega una carta firmada por el hijo del dueño donde le anuncia su despido por haber llegado tarde a su puesto de trabajo. Al final, el narrador omnisciente indica que la joven ha tenido un sueño engañoso y ha sufrido "la más dolorosa ironía" (49). Con este cuento el autor se aleja totalmente del modernismo puertorriqueño, así como del criollismo; más bien se nota un surgimiento de una crisis de identidad y el renacer del cuestionamiento a la asimilación de ideas y costumbres norteamericanas, tanto de parte de los personajes femeninos como de los masculinos, y éste será el tema al cual los escritores se aficionarán. La angustia existencial continuará indudablemente a través de todo el siglo XX y esta prolongación de la crisis de identidad y la problemática de las relaciones de Puerto Rico con los Estados Unidos será una de las razones de ser de la cuentística de las escritoras y escritores puertorriqueños contemporáneos enmarcado en nuevas técnicas narrativas.

Con los escritores que se identifican como la generación de los años treinta aumenta esa angustia o inquietud por la identidad colectiva. Debido al tema impuesto, el ensayo invade el cuento y la novela. Así, como bien enuncia José Luis Vega en el prólogo a su antología *Reunión de espejos*, los perfiles que caracterizan a los intelectuales de la generación de los años treinta son:

> la inquietud por lo vernáculo, la preocupación sociológica y didáctica, la estructura ensayística de los relatos, muy pocos de los cuales llegan a ser cuentos en el sentido moderno del género. Toda su escritura está organizada en torno a su percepción del cismo del 98.[3]

Por otro lado se debe reconocer que varios son los cuentistas en esta década a través de los cuales comienza a oírse la voz campesina y el personaje femenino cobra vida. En el cuento "La mujer que curaba..." de Miguel Meléndez Muñoz (1884-1966), escrito en 1936 e incluido en la colección *Cuentos del cedro*,[4] aparece el personaje popular de la curandera del barrio. Señá Charito es la típica curandera a donde recurren las personas del pueblo en caso de enfermedad. Aunque es de las más antiguas y acreditadas entre las curanderas, la gente del barrio la acusan por estar practicando la medicina sin licencia. Le celebran juicio y el jurado la encuentra inocente, pero determinan que el juez debe de amonestarla y que no practicará jamás la medicina. En este cuento de estilo tradicional, encontramos a un narrador culto (quien sirve de intermediario entre la mujer y el Fiscal del caso), contrario a la vieja que es una jíbara analfabeta, que junto al Fiscal se burla de la dicción e ignorancia del campesino. Por otro lado, el personaje femenino y los personajes masculinos implícitamente están situados en niveles diferentes. Los hombres dominan y la mujer está sometida al sistema patriarcal existente, representado por los personajes masculinos y el sistema judicial.

Para el 1938 Antonio Oliver Frau (1902-1945) publica *Cuentos y leyendas del cafetal* que, según José Luis Vega, "es una elegía, un réquiem por el mundo en fuga de la hacienda, un lamento por la montaña puertorriqueña" (*Reunión de espejos* 20). Este es otro tema que continuará apareciendo en toda la cuentística puertorriqueña durante todo el siglo XX. En la colección mencionada de Oliver Frau encontramos dos personajes femeninos que se diferencian notablemente de los personajes femeninos anteriores. En "El Segador" se presenta en forma despectiva a la mujer destructora de corazones que no da felicidad y siempre será infiel. No hay durante el cuento un razonamiento por parte de la mujer para su conducta. En "Amores de tierra adentro," narrado en tercera persona omnisciente y contrastando el narrador culto al habla campesina, Oliver Frau presenta el personaje de una mujer típica puertorriqueña en cuanto a sus rasgos físicos, por ser mestiza e hija natural; La Tona, contrario al personaje de la curandera en el cuento de Miguel Meléndez Muñoz, es una mujer atrevida y conquista al hombre que ama, destruyendo los moldes asignados a la mujer en el sistema tradicional machista. Además, su condición social no es tan importante para ella. La descripción de La Tona la hace ser un personaje de carácter fuerte, decidida y muy completo, una prefiguración de los personajes que desarrollarán más adelante Luis Rafael Sánchez y Ana Lydia Vega en sus cuentos.

En estos cuentos ya se aprecia el acercamiento directo al personaje femenino, especialmente ya que los escritores dejan de enfocarse sólo en la mujer criada al estilo criollo de clase media alta, para presentar a la mujer común de la clase media baja y baja.

Con la generación de los años cuarenta el cuento puertorriqueño se enriquece y domina la narración; surgen nuevos cuentistas y los escritores de la anterior generación siguen aportando sus obras literarias. Estos son años de grandes problemas políticos y económicos en Puerto Rico y como resultado comienza, en un número exorbitante, el éxodo hacia el Norte. Igualmente, subsiste el enfrentamiento de dos idiomas oficiales en la Isla, el inglés y el español, polémica que continúa aun en nuestros días. Es Abelardo Díaz Alfaro (1920) quien, por medio de sus cuentos "Peyo Mercé enseña inglés" y "El josco," ambos de su colección *Terrazo* (1947), acertadamente expone dicho problema.

En cuanto al tratamiento dado al personaje femenino por Abelardo Díaz Alfaro, éste lo presenta de forma alegórica en su cuento "El fruto," incluído también en *Terrazo*.[5] El autor desea presentar el problema de la mala y poca cosecha paralelamente con el problema de los hijos muertos prematuramente por la falta de alimentación. Desde el principio hasta el fin del cuento, permea la aseveración de que "la mujer es como la tierra." Metafóricamente significa dicha aseveración que tanto la mujer como la tierra no están dando buen fruto, pues a la vez que la tierra no produce el fruto necesario para subsistir, la mujer da hijos enfermizos. De este modo vemos a una mujer sumisa, sufrida, humillada, que sólo tiene el don de ser madre y cuyo deber es estar sometida al sistema patriarcal existente.

Para esta generación de los cuarenta el personaje femenino es el vínculo viable para exponer de forma realista la situación social y económica del país, presentándola en roles esencialmente femeninos como corresponde a la época. Emilio S. Belaval (1903-1972) presenta uno de los personajes femeninos con más propiedades maternales. Por ejemplo, en su colección *Cuentos para fomentar el turismo* (1946)–influenciado su título por la ola de turistas que comenzaron a venir a Puerto Rico en los cuarenta–nos presenta el acto heroico de una madre, que lucha con la pobreza, por mantener a su hijito con vida en su cuento "El niño morado de Monsona Quintana."[6] Según el cuento, Monsona Quintana parió el hijo decimoséptimo, un niño raquítico destinado a morir. Correspondiendo a su instinto maternal, ella lo protege y lo amamanta para darle calor y así retornarlo a la vida a sabiendas que ya está muerto. Tanto en este cuento como en el de Díaz Alfaro, ser madre es la condición perfecta de la mujer y además, ser la fuerza generadora de vida es lo que la distingue del hombre. Con este cuento Belaval cumple con dos propósitos: por un lado presentar la situación económica del país; por otro lado, apreciar la abnegación de una mujer en su rol de madre. Además, se presenta al habla popular como un elemento importante del cuento a la vez que se refleja lo grotesco de la vida del pobre mediante una descripción realista.

Los autores del cuarenta, como lo continuarán haciendo los escritores siguientes, liberan el cuento de la narrativa ensayística y se atañen al cuento como lo conocemos hoy día.

Para esta época, René Marqués (1919-1979) fue uno de los primeros escritores que utilizó más el personaje femenino que el masculino. Así mismo, fue el primero en darle suficiente importancia al personaje femenino como para guiar el relato alrededor de ella y utilizarlo como ente temático.

En el Prólogo de su antología *Cuentos puertorriqueños de hoy* (1959) René Marqués señala que "la irrupción de la mujer como protagonista en la nueva literatura" (19) es una de las características de la generación o del grupo de cuentistas que él reunía en su colección (incluye cuentistas de la generación del cuarenta). Sin embargo, el personaje femenino no fue un motivo de estudio para antes o después de esta afirmación, tanto en las obras de Marqués como en los otros escritores puertorriqueños. A este respecto señala Thomas Feeny al estudiar el personaje femenino en los dramas de Marqués que "one particularly interesting and rather neglected aspect of the late René Marqués's writing is the unique concept of woman that pervades much of his work" (187). Ciertamente el éxito de la cuentística de Marqués recae en que fue el primer escritor puertorriqueño en explorar el personaje femenino como protagonista, tanto en sus cuentos como en las obras teatrales[7], y el lograr una realización efectiva de los mismos.

Para el 1958 escribió Marqués "Purificación en la Calle de Cristo,"[8] donde se aprecia la recreación, por primera vez en la literatura puertorriqueña, del ambiente de un mundo exclusivamente femenino. Las protagonistas–Inés–Emilia y Hortensia-son tres hermanas que viven aferradas al recuerdo y se encierran en su mundo compartido con otro personaje actante: el tiempo. Para ellas, todo pasado fue mejor y con la desgracia amorosa de Hortensia, quien dijo "no" a la vida, el tiempo se divide en dos:

> atrás quedóse el mundo estable y seguro de la buena vida; y el presente tornóse en el comienzo de un futuro preñado de desastres, como si el 'no' de Hortensia hubiese sido el filo atroz de un cuchillo que cercenara el tiempo y dejase escapar por su herida un torbellino de cosas jamás soñadas: La armada de un pueblo nuevo y bárbaro bombardeó a San Juan. (33)

En esos días también muere la madre de anemia perniciosa, pero Papa Buckhart rechazó el diagnóstico y creyó que ella murió "de dolor al ver una bandera extraña ocupar en lo alto de La Fortaleza el lugar que siempre ocupara su pendón rojo y gualda" (33), refiriéndose a la bandera española. Paralelamente con el cambio abrupto de soberanía de la Isla y la muerte de los padres, el mundo de opulencia de las hermanas se viene abajo, quedando ellas, al igual que la Isla, en la miseria y desamparo.

Todos estos acontecimientos están en los recuerdos del pasado de las mujeres. En el marco temporal presente ellas se encuentran arreglando el cuerpo de Hortensia, quien ha muerto. Al final, Inés y Emilia deciden purificarse y purificar el tiempo, prendiendo fuego a la casa. Este último acto de las mujeres coincide con el epígrafe del cuento: "Time is the fire in which we burn."[9] Ellas se inmolan al saberse perdidas en una sociedad que no podían compartir y comprender. Con este acto heroico purificador, Marqués nos presenta unas mujeres que al ofrecerse en sacrificio simbolizan la victoria sobre la imposición política y el vencimiento al tiempo, paralizando, tanto el espacio como al tiempo, para siempre. Por otro lado, es una "autodestrucción" para no lidiar con el problema de la imposición de otro país en la isla y lo que representa este hecho en el tiempo futuro. Esta actitud concuerda con la premisa de Marqués en su ensayo "El puertorriqueño dócil," en el cual señala que tanto en la realidad como en la literatura hay "un notorio impulso autodestructor del puertorriqueño" (161). Esta "autodestrucción" se aprecia en varios de los cuentos y dramas del mismo Marqués.

Lo interesante de esta premisa recae en que Marqués escoge unos personajes femeninos para presentar sus ideas y es el mismo Marqués el que explica el porqué. En su ensayo mencionado anteriormente, "El puertorriqueño dócil," al explicar su concepto del patrón matriarcal Marqués señala lo siguiente:

> dentro del panorama psicológico de la docilidad puertorriqueña, la literatura de los últimos veinte años manifiesta algo de inescapable importancia: la irrupción de la mujer como personaje protagónico en la obra literaria. Ya un autor ha apuntado que son los escritores más jóvenes 'quienes han logrado caracterizaciones femeninas de mayor altura trágica y de más honda penetración psicológica.' (174)

El autor al que Marqués se refiere es a sí mismo y a su prólogo a su antología *Cuentos puertorriqueños de hoy* (1959), en la cual Marqués recoge cuentos escritos en los años cuarenta y cincuenta. En su prológo comenta:

> Hasta entonces la mujer, como personaje, no había pasado de ser figura secundaria en nuestra literatura. Aun en las pocas ocasiones que aparecía protagonizando el relato, no conseguía del todo su emancipación como creación vigorosa e independiente. Podía girar el relato alrededor de ella, pero no era ella, en último análisis, la fuente original y voluntaria que desencadenaba la acción dramática. Siguiendo quizá patrones establecidos en nuestra sociedad de entonces, la mujer en la literatura puertorriqueña no lograba alcanzar, como personaje, el derecho a ser hacedora consciente de circunstancias. (20)

Así, Marqués logró crear personajes femeninos donde el hombre fracasaba mientras que la mujer triunfaba, o la mujer sabía tomar decisiones aunque éstas fueran autodestructivas. Además, Marqués logró introducir personajes femeninos que representan la minoría femenina despreciada, como es el caso de las mujeres prostituidas; siendo Marqués el primer autor puertorriqueño que introduce el tema de la prostitución en la cuentística.

En su cuento "Dos vueltas de llave y un arcángel" (1955)[10] Marqués se preocupa por la inauguración a la prostitución de una niña de trece años. Entre el personaje femenino de este cuento y el personaje femenino del cuento anterior hay unas distancias y diferencias en cuanto a posiciones socio-económicas. También "Dos vueltas..." tiene más complejidad en cuanto a su estructura misma. Por medio de la recolección de un pasado inmediato aparente, inducido por la filtración de un narrador en la memoria de la protagonista, se presenta una vida desventurada, martirizada y agonizante de una niña que de pronto se convierte en mujer. El cuento comienza y termina en una mañana, dándole así una estructura circular. La niña/mujer ha estado reconstruyendo en su delirio todo su pasado mediante un narrador que se ha filtrado en la mente de la protagonista. Por medio de la retrospección se recolecciona un pasado inmediato y este pasado la transfiere a un pasado más lejano en su pueblo. El tiempo transcurrido bajo la protección de Miguel, el "arcángel San Gabriel," no se puede precisar porque según el narrador "la protegía allí, guardándola, con dos vueltas de llave, contra la vida. Y los meses (¿años?) tras la puerta cerrada eran la seguridad" (68). Sí sabemos que ella nunca escapa y al final ella vuelve a cobijarse en las alas "que se abrieron inmensas, cubriéndola, protegiéndola, para una vez más remontarla por encima del mundo" (73).

En este cuento Marqués hace uso de sonidos específicos: los brazaletes de la mujer que atraen la atención de la niña, el crujir de los billetes cuando le pagan a Miguel por los servicios de la niña, el "trás trás" al cerrarse o abrirse la puerta con la llave, el "click" de la navaja. Son efectos dramáticos que dan sentido de realidad, especialmente contribuyen al ritmo del cuento y ubican los acontecimientos en tiempo y espacio. Además, alertan o aterran al personaje femenino del cuento, así como al lector.

Nos preguntamos cuál sería el resultado de este cuento si la protagonista contara su historia desde su propio punto de vista sin la ayuda del narrador. ¿Lograría una salida? Comprendemos que contrario a "Purificación en la Calle de Cristo," la protagonista de "Dos vueltas de llave..." es vencida por el hombre y el tiempo porque no se inmola ella misma, sino que es inmolada. A pesar de que los dos cuentos están contados desde una tercera persona omnisciente, se tiene una visión completa de las protagonistas porque el narrador logra infiltrarse en el mundo interior de las mujeres por medio de los sentidos. Ellas reciben impresiones mentales mediante las acciones de ciertos órganos de su cuerpo. Un ejemplo ilustrador es cuando la niña de "Dos vueltas..." es ultrajada por primera vez por el hombre del campo y el narrador relata el estado anímico y corporal de la protagonista:

> No, no había sol verdaderamente, sino un chisporrotear de estrellas rubias entre las ramas del tamarindo. Y era dolor, dolor de verdad, aquí, aquí abajo, hondo, desgarrante, lleno de lágrimas, de gritos que se aplastaban en sollozos, porque había unos labios en su boca, y la voz estallaba dentro del pecho, sorda, sin salida, y el pecho hacia así, así, como si fuera a reventar de gritos, hasta que estalló la sangre, pero no en el pecho, y la tibieza empezó a manar provocando escozor, ardor, dolor también, pero no hondo, porque ahora todo el cuerpo era dolor: los músculos, las vísceras, los huesos, que se quedaban quietos. (61)

Con esta relación tan descriptiva el narrador logra mostrar las condiciones físicas de la protagonista después del ultraje y a la vez exponer la incomprensión de los hechos de parte de la protagonista a causa de su inocencia. Ella, contrario a las mujeres de "Purificación..." no tiene la madurez para configurar la naturaleza del acto y por ende no puede discernir para lograr una salida.

Marqués ha escrito varios otros cuentos cuyos personajes femeninos no tienen salida ni futuro, como sus cuentos "La hora del dragón" y "La crucifixión de Miss Bunning."[11] En el primero, una mujer casada, menopáusica, en soledad, no sabe qué hacer con su vida. Su esposo es un hombre de negocios que no tiene tiempo disponible para ella y su hijo está de viaje por Europa. Ella, como en sueños, logra escapar por un momento de su realidad al encontrarse con un hombre que tiene un tatuaje en forma de dragón. La mujer pasa la tarde con él, y como en "Dos vueltas," las acciones del presente sirven para estimular recuerdos de su vida pasada. Por ese momento se siente bien, pero cuando regresa a su casa se da cuenta que su vida seguirá siendo igual y no tiene salida. La experiencia amorosa con otro hombre no logra suprimir "el silencio, y la soledad y el vacío" (94) que sufre, ni logra abrir la puerta de la felicidad que siempre permanece cerrada para ella.

En "La crucifixión de Miss Bunning" se presenta a una mujer norteamericana que después de perder a su hijo en la guerra y decaer como cantante en Chicago, decide ir a Puerto Rico en donde le ofrecen un contrato para cantar en un "night club". Allí se da cuenta de su fracaso y se propone hacer su última aparición en la noche que toma lugar el cuento. Un negro que está en el público y que tiene cara de odio la acompaña a su cuarto. En el cuarto, el Negro la ultraja y Marqués dramatiza su figura como una mujer crucificada. Otra vez, el personaje femenino no tiene una salida y no es capaz de dominar al hombre ni al tiempo.[12]

Por otro lado, Marqués postula ideas existencialistas en sus ensayos y evidencia estas ideas en uno de sus cuentos, donde la mujer se presenta en yuxtaposición a los cuentos mencionados anteriormente. En 1960 Marqués escribió "En la popa hay un cuerpo reclinado," que ha sido uno de los cuentos más comentados por la crítica y uno de los cuentos más logrados por Marqués por su estructura circular del relato y porque coincide con su teoría del "patrón matriarcal" que expresa en su ensayo "El puertorriqueño dócil." En su ensayo Marqués muestra una repulsión hacia la mujer y explica por qué los escritores jóvenes se han interesado en presentar el personaje femenino como protagonista en sus obras literarias. Su argumento es el siguiente:

> A decir verdad, los escritores jóvenes parecen vengarse ferozmente del matriarcado -patrón extraño recién importado a su cultura-presentando a menudo a la mujer bajo la luz más adversa que la pobre pueda, como personaje, soportar. Aparentemente, son ellos-los escritores-los únicos que en la sociedad puertorriqueña han reaccionado con agresividad y rebeldía ante la desaparición del último baluarte cultural desde donde podía aún combatirse, en parte, la docilidad colectiva: *el machismo*, versión criolla de la fusión y adaptación de dos conceptos seculares, la *honra* española y el *pater familie* romano.[13]

No hemos podido corroborar este argumento al estudiar a los cuentistas aludidos por Marqués y básicamente el problema estriba en que Marqués no menciona a los escritores a los que él hacía referencia. Sí es cierto que el mismo Marqués logra cuentos con la intención de denunciar "el patrón matriarcal". Entonces, deseamos redondear el asunto con las palabras de Margarite Fernández Olmos quien señala:

> Para Marqués, por consiguiente, la mujer es una castradora cultural, particularmente las que retan la hegemonía social masculina y usurpan sus prerrogativas, tal como se demuestra en su cuento "En la popa hay un cuerpo reclinado", el cual Marqués acredita con haber dado el 'primer grito de alarma con respecto al problema que le incumbe directamente a los antropológos, sociólogos y psicólogos.'[14]

En el cuento "En la popa...," Marqués presenta un hombre dominado por unos personajes femeninos agresivos, dominantes, que logran vencer al personaje masculino. Como otros cuentos de Marqués, la historia comienza con el final y según se va desarrollando el cuento, el pasado y el presente fluyen de los eventos, sensaciones y asociaciones que el protagonista revela. Esta estructuración funciona como una característica que le da unidad a la cuentística de René Marqués.

Al igual que en "Purificación," el personaje de "En la popa" logra una salida al inmolarse él mismo con su autodestrucción. El personaje, luego de envenenar a su mujer, sube el cuerpo a un bote y se va a la mar. Cuando está lejos de la orilla el personaje se castra. Con esta acción el personaje priva a las mujeres de lo que él como hombre puede brindarles, y a su vez se afemina. Al final, la castración es una acción o señal de triunfo que, como en "Purificación en la Calle de Cristo," es un triunfo autodestructivo.

El éxito de la cuentística de René Marqués recae en el uso de técnicas novísimas en su tiempo en la literatura puertorriqueña, como la retrospección, el monólogo interior y el uso de ideas existencialistas,[15] y la realización efectiva de personajes femeninos. También, a través de los personajes femeninos refleja Marqués la situación social, económica y moral de la isla de Puerto Rico. A pesar de que sus personajes femeninos son "la fuente original" que desencadenan la acción dramática de sus cuentos, estos personajes femeninos todavía no tienen voz propia; siempre hay un narrador que se interpone entre el personaje y el lector.

Anteriormente hemos citado que Marqués percibe que la mujer como protagonista no había conseguido del todo "una emancipación como creación vigorosa e independiente."[16] En su antología citada Marqués no incluye un cuento donde la mujer se vea realizada o sea ella misma la protagonista independiente de la cual él habla. Mas, es con Luis Rafael Sánchez (1936) que el personaje femenino logra la "emancipación" como creación vigorosa e independiente. Marqués vaticinó a Sánchez como uno de los escritores de la "promoción del cincuenta" que "ha descollado como buen cuentista."[17] En la nota a pie de página de su Prólogo en la antología mencionada, al hablar sobre Sánchez, añade que "podría considerarse [a Sánchez] más bien como figura de enlace o transición entre las promociones del cuarenta y cincuenta"(31)–realmente no existe un deslinde claro entre las generaciones del cuarenta y del cincuenta ya que los escritores que señala Marqués como del cuarenta continúan su trabajo literario durante los cincuenta. No sólo figura Luis Rafael Sánchez como enlace o transición durante esta época, sino que el personaje femenino de su cuentística se convierte en tema, en personaje central de la trama, y alrededor de ella se guía todo el relato, continuando la trayectoria de Marqués. De esta forma el personaje femenino se sale de la sujeción en que estaba y adquiere un vigor del cual gozará en adelante.

Debemos de admitir que no solamente el personaje femenino se beneficia con la presencia de Luis Rafael Sánchez en la literatura puertorriqueña, sino que como afirma Marqarite Fernández Olmos, "él representa un reto a la tradición literaria dominante desde el punto de vista de su uso del lenguaje, su percepción sociohistórica y su tratamiento del erotismo como fuerza liberadora" (40).[18] El trabajo literario de Sánchez presenta nuevas perspectivas para exponer e interpretar "la realidad nacional y explorar nuevas vías de expresión."[19]

En la colección de cuentos *En cuerpo de camisa* (1966), Sánchez nos introduce a un cosmos de personajes femeninos liberados por medio de un lenguaje fuerte, con imágenes vigorosas y el uso de un léxico puertorriqueño áspero. La importancia de los personajes femeninos desarrollados en estos cuentos recae en que, por primera vez, un autor puertorriqueño mediante una forma directa y cruda, con mayor precisión y realismo, presenta a la mujer rechazada sin afán de juzgarla.

En el cuento "Tiene la noche una raíz," de la colección mencionada, Sánchez presenta el personaje de una prostituta llamada Gurdelia Grifitos, quien era "¡la vergüenza de los vergonzosos, el pecado del pueblo todo!"(19). El cuento comienza exponiendo las circunstancias exteriores de la situación de Gurdelia que, para mayor dramatísmo y contraste, comienza presentando a las beatas del pueblo camino a la iglesia. Las beatas asisten a la iglesia todas las noches al rosario, pero cuando regresan a sus casas "¡ya libres de pecado!," espian a Gurdelia "por las rendijas" para saber "quienes alquilaban esa noche el colchón" (19). De esta forma desde el comienzo del cuento se advierte unas distancias y divisiones entre el personaje femenino protagónico y los demás personajes femeninos secundarios del cuento. Se aprecia el punto culminante del cuento cuando un niño, Cuco, le toca la puerta a la Gurdelia y le pide que le dé, como lo ha hecho ella con su papá, lo "devino." Al comprender Gurdelia a lo que el niño se refiere, lo sienta en su falda y lo acuna. El niño se queda dormido, ella lo acuesta en su cama y cuando despierta él cree que ha gozado de lo "devino." Se agudiza el punto culminante cuando la mujer al tener al niño en su falda, siente en sus entrañas el llamado a la maternidad; pero la maternidad está vedada para ella. En este cuento como bien señala Mariano A. Feliciano Fabre en su introducción "Cuentos de asedio y soledad," *En Cuerpo...*"el autor [Sánchez] tiene para la mujer pública una de sus páginas más compasivas."[20] Esta compasión de parte del autor contrasta con el rechazo que recibe la Gurdelia del pueblo y aunque la narración sigue la forma tradicional del cuento, funciona para exponer la otra cara del problema social de la prostitución, o sea el lado de la prostituta. Gurdelia Grifitos también tiene sentimientos femeninos, desea ser madre y el niño le dio la oportunidad de sentir aunque sea la ilusión.

El éxito de la narración de "Tiene la noche una raíz" recae, como sucede con toda la narrativa de Sanchez, en el excelente manejo del lenguaje popular, especialmente en el diálogo; en el uso de la onomatopeya para exagerar los ruidos, por ejemplo, el "tris-tras" del abanico de la protagonista (22) o el golpe del niño "toc" en la persiana (20), que le imparte un sentido más auditivo al cuento.

En "El muerto que murió sin avisar," Sánchez presenta otro personaje femenino que representa una clase de mujer que no es vista con buenos ojos en la sociedad puertorriqueña: la mujer solterona como amante. Este cuento goza de una musicalidad debido a que su marco narrativo es una letanía poética que le da comienzo al cuento, alterna con los sucesos y finaliza el cuento. Además de la letanía darle ritmo al cuento, es un leitmotivo que funciona para aparentar el rezo constante en boca de una de las protagonistas, que reza por el alma de su amante moribundo. Conjuntamente con el rezo por el espíritu de su amante, la Soltera está preocupada porque no tiene una vela para alumbrarle el camino y por consecuencia "se queda el ánima en el limbo" (70). Le corresponde a su hermana Leoncia o "La Tullía" ir por el barrio en busca de una vela. Leoncia recorre el barrio y no encuentra la vela, pero una vecina le resuelve el problema al prestarle una linterna. Al llevarle la linterna a su hermana la Soltera, a pesar de su asombro, alumbra al muerto y "los quince quilovatios asustaron el limbo" (72).

Los dos personajes femeninos en este cuento nos presentan a dos mujeres opuestas. Una, la Soltera, quien por muchos años ha vivido con el moribundo, según el narrador "desde el año del cólera" (70), representa a la mujer que nunca recibe una promesa de matrimonio y se conforma con ser la amante siempre que tenga unas comodidades proporcionadas por el hombre; por eso le dice a su hermana "mira cómo se le trabucan las comisuras, mira cómo se agita de vernos de brazos cruzás, después que no ha traído a vivir en puerta de calle" (71). Aunque todo el barrio sabe que ella tiene un amante, con la muerte de éste durante el acto sexual, ella será el tema por varios días. La otra, Leoncia, representa a la mujer inocente; es más bien una niña-mujer. Ella no comprende la situación como su hermana; para ella "el muerto que se moría era chévere, los sábados ponía la peseta en la mano y los domingos la invitaba a jugar a papá y mamá" (70). Se infiere de estas líneas que el muerto también la usaba a ella sexualmente, aprovechándose de su inocencia. Pero Leoncia no se preocupaba por las consecuencias sociales y económicas que desde ese momento ambas van a sufrir.

El cuento en un contexto alegórico, por medio de los personajes femeninos, parodia el catolicismo puertorriqueño. El concepto del limbo y el tener que alumbrar el camino del muerto ridiculiza la religiosidad impuesta desde el colonialismo hasta nuestros días. Sánchez transgrede no sólo las normas sociales, sino también las religiosas. Por otro lado, con la intervención de las letanías en el relato, Sánchez destruye las normas tradicionales del discurso.

Con los cuentos de Sánchez en *En cuerpo de camisa* nace el nuevo cuento puertorriqueño para abrir el camino estrecho que habían dejado las generaciones anteriores. Los cuentistas futuros, incluyendo las mujeres, con el legado de Sánchez se les facilitará su creación de personajes femeninos tomados de la vida diaria puertorriqueña. Además, las innovaciones en la argumentación, como la integración del habla popular, y la técnica de la interacción entre el narrador y el lector, quien participa en la reelaboración del texto, acercan a Sánchez en su cuentística al "boom" hispanoamericano. De aquí en adelante el personaje femenino está desarrollado, tiene una importancia protagónica en los relatos y ya se puede presentar a estos personajes de una forma más abierta, original y realista.

DOS
El personaje femenino y las realidades históricas

Los países que cuentan con considerables acontecimientos bélicos a su vez gozan de un número cuantioso de escritores que han escrito innumerables e importantes novelas históricas. Aunque en Puerto Rico no se han producido conflictos que hayan influido en la economía o cultura de otros países, sí se han dado acontecimientos dentro y fuera de la Isla que de una forma u otra han alterado la vida de los puertorriqueños y han servido como temas para la creación de una literatura contemporánea. Un acontecimiento que alteró notablemente la vida de los puertorriqueños fue la Guerra Hispanoamericana, o más bien, las consecuencias de la guerra. Después de la guerra, con el Tratado de París (firmado el 10 de diciembre de 1898), Puerto Rico pasó a ser una posesión de los Estados Unidos al ser cedido por España. Este cambio de soberanía no solucionó la situación colonial de la isla, que era el conflicto que muchos puertorriqueños ansiaban resolver. Algunos puertorriqueños confiaban que los Estados Unidos concedería la libertad a Puerto Rico e hicieron propaganda a favor de lo mismo. Así, la reiterada situación colonial se convierte en uno de los temas más tratados por los escritores puertorriqueños del siglo XX, tanto en la novela como en el cuento.

Las pocas mujeres escritoras de principio y mitad de siglo vagamente trataron el tema para crear novelas o cuentos históricos. Se destaca María Cadilla de Martinez (1886-1951), quien presenta en su cuento "El pródigo"[28] una percepción de las consecuencias del acercamiento directo de los puertorriqueños con el norte (entiéndase los Estados Unidos). El cuento trata sobre la situación de un joven que va al Norte a estudiar. A su regreso encuentra a su pueblo, Arecibo, "atrasadísimo" al compararlo con las ciudades norteñas. La protagonista, Carmencita, prima del joven, lo confronta y le pregunta "¿qué llamas tú adelanto?" a lo que él contesta:

> a todo lo grande y perfecto que se halla por allá a cada paso. ¡Si vieras qué país! Hoy se ven tres o cuatro casitas en un sitio y mañana o pasado, encontramos un pueblo. Hay verdadera iniciativa y altruismo. El sol alumbra para todos. Los millonarios no son como en el nuestro. Adquieren sus riquezas trabajando y después no se olvidan de que fueron pobres. Gastan frecuentemente sus millones para mejorarlo y hacerle mejor la vida a los que viven en él. (15)

La muchacha, por otro lado, reafirma a su primo diciendo que "Sí,... Confieso que no todo es aquí como debiera ser; que debiéramos aprender mejor civismo y que debiéramos engrandecer nuestra tierra en todos sentidos" y luego menciona "hay aquí algunas excepciones,"[29] pero no señala cuáles. En este cuento María Cadilla llama la atención a la importancia de la influencia norteamericana de una forma sublimada, pero sin mostrar una rebelión en su escritura. Su protagonista o el personaje femenino comprende la situación, pero no muestra un interés en continuar ahondando en el tema histórico, porque a la autora le preocupa desarrollar el tema del amor y el paisaje.

Las escritoras puertorriqueñas contemporáneas se enfrentan de una forma diferente a la historia, tanto en la novela como en el cuento. Ya no les interesa el realismo social que contemplaban los escritores de décadas anteriores, sino que creando unos personajes femeninos en su cuentística, que nada tienen que ver con la verdadera historia, presentan su visión de la historia.[30] Ellas se han valido del personaje femenino como principal recurso para su proyección. El personaje femenino es una figura que enlaza la escritura con una realidad histórica, reconstruyendo la historia para luego reconcebirla o destruírla. De esta forma el concepto "historia" cambia considerablemente. No es la historia racional y analítica basada en el conocimiento histórico, sino que la escritora construye una historia, tomando una realidad exterior, amalgamándola con su realidad interior, siguiendo la emoción e ignorando el orden. Este razonamiento lo adopta Rosario Ferré en su escritura para seguir los consejos de Simone de Beauvoir. Señala Ferré en su ensayo "La cocina de la escritura," donde expone sus inquietudes como escritora, que en la opinión de Beauvoir

> [e]l funcionamiento del mundo, el orden de los eventos políticos y sociales que determinan el curso de nuestras vidas están en manos de quienes toman sus decisiones a la luz del razonamiento y de la razón, me decía Simone, y no de la intuición y de la emoción, y era de estos temas que la mujer debería de ocuparse en adelante en su literatura. (140)[31]

Esta actitud de la cuentista contemporánea se fundamenta en la existencia de una rebelión contra la forma tradicional de contar la historia, donde no cabía la intuición y la emoción; a la vez, ha facilitado la adición de perspectivas y voces nuevas. A las autoras no les interesa fijarse en las figuras que se destacan en la historia, sino que exponen la historia desde la visión de seres marginados, que no tomaron parte activa y cuya conducta no representa un hecho crucial en el curso de la historia. Los personajes femeninos de estos cuentos son meros observadores que, a su vez, de una forma u otra, están afectados por un acontecimiento. En muchos de los cuentos lo que importa es la esencia íntima de la mujer en estas circunstancias históricas y no la narración misma de la historia oficial; y para que la narración sea exitosa, el uso del "yo" parece ser el más apropiado. Según Biruté Ciplijauskaité el uso del "yo" da un enfoque diferente a la "femeneidad," añadiéndole un toque de independización; tanto en las acciones como en el lenguaje se destaca la espontaneidad; y la primera persona logra la impresión de una estructura viva (128-129). Por otro lado, el inventar un estilo original por parte de las cuentistas les ha dado la oportunidad de presentar la historia desde el punto de vista de la mujer. Así mismo, las autoras enmarcan su personaje en un ambiente real para obtener la credibilidad de lo que se cuenta sin necesidad de remover ningún sensacionalismo que produzca su historia. De esta forma llevan al lector a creer en lo contado.

La participación tardía de las escritoras en la historicidad les ha permitido el poder contar la historia desde un marco atemporal. Ciplijauskaité afirma que las escritoras europeas de novelas históricas "hoy retroceden preferentemente hasta la Edad Media o incluso más atrás, obedeciendo a un doble propósito: aclarar y rectificar" (124). Sin embargo, aunque la escritora puertorriqueña tiene el mismo empeño de aclarar y rectificar, y además el de advertir la poca participación de la mujer en los asuntos oficiales, no ha retrocedido en la historia más allá de finales del siglo XIX, insistiendo en los acontecimientos del principio del siglo XX, que son los que más han influido en la vida de los puertorriqueños.[32]

Los cuentos de Rosario Ferré (1942) en *Papeles de Pandora* (1976) tienen como marco estructural una anécdota de la historia de Puerto Rico, en su mayoría contada por una protagonista.[33] Ferré, nacida en Ponce, en 1938, es una de las escritoras contemporáneas que, por su producción cuentística, es considerada una de las escritoras que le ha dado un nuevo giro a la literatura hispanoamericana junto a otras escritoras como Luisa Valenzuela, Cristina Peri Rossi y Elena Poniatowska. En sus cuentos muestra el proceso de cambio social, económico y político por el que atravesó y atraviesa la isla de Puerto Rico, vinculando a la marginalidad que sufre la mujer dentro de ese proceso. Su cuento "Amalia" comienza con un epígrafe tomado del Génesis:

> Echó, pues, fuera al hombre, y puso al oriente del puerto de Edén querubines, y una espada encendida que se revolvía a todos lados, para guardar el camino del árbol de la vida. (64)

Este pasaje del Génesis nos advierte uno de los temas a tratarse en el cuento: la relación entre Puerto Rico y los Estados Unidos. Se entiende que simbolizan a Dios-Puerto Rico, quien debe echar de la isla-Edén, al hombre pecador-Estados Unidos. Los militares estadounidenses llegaron a Puerto Rico el 25 de julio de 1898, a raíz de la Guerra Hispanoamericana. Después de dos días de varias "escaramuzas,"[34] los españoles se rinden y se les pasa la soberanía a los norteamericanos. Además del interés de los norteamericanos en intervenir en el conflicto para apoyar la independencia cubana, éstos tenían un interés económico y estratégico militar en la isla de Puerto Rico.[35]

Al comenzar su carrera literaria, Ferré señala que estuvo días tratando de encontrar un tema para su primer cuento "La muñeca menor." Ella recordaba las opiniones que le daban a través de la lectura Simone de Beauvoir y Virginia Woolf. Según Ferré, en la opinión de Simone de Beauvoir "la mujer debería ser constructiva en su literatura, pero no constructiva de realidades interiores sino de realidades exteriores principalmente históricas y sociales" ("La cocina..." 140). Basándose en este principio, Ferré ha tratado de tomar anécdotas históricas, o sea realidades exteriores, para incluirlas en sus cuentos. Ella y las otras escritoras que tratamos en este estudio se han interesado, por ejemplo, en lo que significó el cambio de soberanía; la pérdida de los valores con el cambio de soberanía; en el significado para la burguesía del cambio de una sociedad agraria a una sociedad urbana o industrial; el abandono de la tierra; el olvido del código de comportamiento patriarcal, basado en la explotación, pero a su vez apoyado en un código de ética y de caridad cristiana, y sustituido por uno mercantil y utilitario que llega de los Estados Unidos; el surgimiento de una clase profesional con sede en los pueblos que desplazó a la antigua oligarquía cañera (Ferré 141).

En "Amalia," como en otros cuentos de Ferré, se observa el fracaso económico de una familia rica. Al morir los padres de la narradora, el tío se apodera de los bienes de la familia. Es un militar que usaba "el uniforme militar, planchado y almidonado como un arcángel y el águila relumbrándole sobre la visera del gorro" (67). El tío obviamente representa la clase burguesa puertorriqueña que apoya, más en el aspecto social, la toma de posesión de los soldados norteamericanos. Inmediatamente después de llegar el tío, éste echa a las sirvientas y acomoda a tres mujeres que trajo con él y a su chofer Gabriel. La casa se convierte en el centro de reunión de los militares y a la vez es el centro de entretenimiento para los soldados con las muchachas.

Con la llegada de los norteamericanos llega la corrupción, así como los adelantos científicos, económicos y sociales. Con la llegada del tío a la casa de la narradora, igualmente llegan los norteamericanos y la corrupción. En el momento de la llegada del tío, la narradora comienza a perder la coherencia en su narración y la información que se obtiene llega en una forma de teletipo, con mensajes cortos y una mezcla de ideas. Este detalle logra que la narradora nos presente las consecuencias de la llegada de los norteamericanos: mezcla de culturas, idiomas y religiones. Se advierte el problema de la integración del inglés en la isla y la preocupación de los personajes políticos por tratar de agradar a los recién llegados:

> como son extranjeros es bueno que nos conozcan mejor que vean que aquí también hay muchachas bonitas que se hacen tipping en el pelo usan pestañas postizas covergirlmakeup, use Noxema shaving foam, take it off, take it off, Sexi Boom! churrasco served en La Coneja, Avenida Ponce de León No. 009 next to Martin Fierro Restaurant y ellos yes how nice, are these girls daughters of the american revolution? All. But much more exotic of course, the flesh and fire of tropical fiestas, of piña colada and cocorum... (72)

También logra la narradora trasladarse a un tiempo más presente, al intercalar como en un rezo, el vicio televisivo importado de los Estados Unidos: "con la televisión me acuesto, con la televisión me levanto, coma por televisión, haga el amor por televisión, abra las piernas por televisión y para sin dolor" (70).

Se reconoce que la narradora se refiere a los norteamericanos cuando nombra a los soldados que el tío trae de visita a la casa, por las conversaciones que ella transcribe:

> y entonces oigo we are shipping M-48 tanks, landing tanks, every fifteen minutes, landing tanks, using nine triple turret eight inch guns, largest in service, destroying guided missiles, helicopters at its shores, every fifteen minutes, fresh fighter bombers, F4 phantoms, A6 intruders, A7 corsair... (71).

Además, aunque la narradora, por su corta edad, no comprende lo que los soldados hablaban, al transmitir lo que oye escoge frases precisas que identifican a los norteamericanos: "responsables del orden del mundo,...somos responsables de la paz sea con vosotros, de esa paz que conseguimos por medio de la producción en masa de cerebros cloroformocoliflor" (70). Por medio de juegos lingüísticos y usos de anglicismos, la autora nos presenta una situación única frente a la imposición de otro idioma con la llegada a principios de siglo de los soldados norteamericanos a Puerto Rico. De esta forma, desde la visión de una niña, se observa la decadencia económica y moral de una familia con la llegada de la industrialización, así como el cambió de vida de las familias que se dedicaban a la siembra de la caña.

Este problema de las familias venidas abajo a causa de la industrialización de la isla es tratado una vez más por Rosario Ferré en su obra *Maldito amor*.[36] Esta colección contiene el cuento "Maldito amor," el cual está dividido en varias partes, seguido de "El regalo," "Isolda en el espejo" y "La extraña muerte del capitancito Candelario." Todas las narraciones se desarrollan o se relacionan de una forma u otra con el valle de Guamaní, pero muy en especial une el tema de la desintegración de la industria azucarera y por ende, la caída de las familias que poseían estas tierras, como se observa en el cuento anteriormente discutido.

En "Maldito amor,"[37] Ferré escoge cuatro narradores diferentes para contar la historia desde distintos puntos de vista y dar así una visión completa de los hechos. Se comienza por la descripción del pueblo y el valle de Guamaní y la boda entre Doña Elvira De la Valle y Don Julio Font contada por un narrador omnisciente que también es residente del lugar. Doña Elvira pertenece a una familia que posee una gran cantidad de tierras dedicada a la siembra de caña de azúcar, dueños de la Central Justicia. Don Julio se convierte en el administrador de esa propiedad al casarse con Doña Elvira. La pareja tiene un hijo, Ubaldino, que hereda unas tierras en decadencia a consecuencia de la industrialización y modernización del proceso del azúcar y que, al igual que su padre, trata de rescatar la Central de manos de los extranjeros. Ubaldino se casa con Laura, con la cual tiene dos hijos y tres hijas. Un hijo muere en un accidente de avión algo sosprechoso y las hijas se casan con hombres norteamericanos; según Ubaldino "se casaron con abusadores de la patria" (27). Por esta razón, a la muerte de Ubaldino, Laura deshereda a sus hijas, como también a su único hijo varón vivo, y lega todo a una joven llamada Gloria, quien se había casado en convenio con su hijo muerto. A la muerte de Laura, Titina quiere reclamar su parte, pero los hijos de Laura no desean reconocer el testamento dejado por su madre y le niegan la herencia a Gloria y la casita a Titina; pero por otro lado, están los bancos esperando la muerte de Laura para ejecutar de la herencia los préstamos que la Central Justicia les debe. Al final, como en un acto inmolador y de libertad, Gloria y Titina pegan fuego a la propiedad.

> Escucha el restallar de las cañas encendidas como quien oye el chasquido de esos látigos de azúcar que ya no han de caer más sobre las espaldas indefensas de los

> peones; regocíjate porque la Central Justicia va por fin a desaparecer, consumida por el fuego de un amor maldito. (76)

Esta actitud libertadora de las mujeres se asemeja a la actitud de los personajes del cuento de René Marqués, "Purificación en la Calle de Cristo," pues en ambos cuentos el fuego purifica, salva y libera, tanto a los personajes femeninos como a la tierra-isla, de la historia que le ha correspondido vivir y padecer.

En el cuento de Ferré, toda la acción proviene de dos personajes femeninos que pertenecen a grupos vejados por la sociedad: Gloria, una mulata, y Titina, una negra liberta. Este aspecto y conducta en los personajes femeninos le proporciona una gran intensidad a la culminación de la trama del cuento. Ambas mujeres representan el amor maldito en la sociedad en que se han criado y son juzgadas por su herencia sanguínea. Por un lado, Titina desciende de una generación de esclavos que pertenecían a la familia De la Valle, y que fueron liberados cuando su madre servía en la casa de la familia. En este caso, el amor maldito es aquel que siente el amo por sus esclavos libertos, como lo sentía Ubaldino, y los protege a pesar de la distancia que impone la sociedad; es un amor que se esconde y no se exterioriza. Ubaldino, como recompensa a los servicios de esta generación esclava y como una acción protectora, le promete a Titina y a su hermano dejarles la casita de zinc. El caso de Gloria es más complejo. Ella fue recogida por Arístides, el hijo menor de Ubaldino y Laura, quien la trae a la casa con el interés de que sirviera a la familia. Para Arístides, Gloria es negra y por tal razón es inferior. Por el contrario, Ubaldino, durante su enfermedad, sólo quiere ser atendido por Gloria, lo que alegra sobre manera a Laura pues no desea atender a su marido enfermo; pero Arístides no aprueba el acercamiento entre Gloria y su padre y propone echarla. Para Laura, según confiesa ante el abogado a la hora de su muerte, ella defiende la permanencia de Gloria porque

> no fue únicamente por mí, por el terror que me invadía la posibilidad de que Gloria se disgustara y se marchara de la casa, dejándome a mí sin escudo y defensa, sino que fue también por Gloria y a causa de Gloria; porque Gloria es mujer como yo, y la considero mi amiga. (72)

Con estas palabras Laura cambia la historia de la familia De la Valle, pues ya no hay desigualdades entre las mujeres; Laura establece que lo que importa es la afinidad entre los sexos y no la raza de Gloria, y por ser afines y ella gozar de una jerarquía en una sociedad donde el dinero y la raza prevalece, debe defender a esa otra fémina. Además, más adelante Gloria se casa con el hijo primogénito de Laura, Nicolás, quien la acepta en matrimonio para de esta forma retenerla en la casa y cuide de su padre; pero a la boda sólo asistieron los novios y Laura. A los seis meses de casados Nicolás muere en un accidente de avión. Los hermanos de Nicolás consuelan a su madre diciéndole: "Déle gracias a Dios, madre, porque se lo llevó... Así ningún De la Valle volverá a casarse con una negra" (73). Como respuesta, Laura sorpresivamente para sus hijos así como para el lector, les descubre que su abuelo, Don Julio Font, era negro, siendo una farsa todo el orgullo de llevar el apellido De la Valle, que era el apellido materno. Gloria tiene un hijo de Nicolás y de esta forma se reconfirma la impureza de sangre que tanto preocupaba a esta clase social puertorriqueña venida a menos tanto económica, como social y moralmente. Esta preocupación de la pureza de sangre y mantener una posición en la sociedad por las familias durante los comienzos del siglo XX contribuyó a la desvirtuación del verdadero proceso de búsqueda de identidad.

En el cuento "El regalo"[38] se observa también el problema de la limpieza de sangre conjuntamente con las dificultades del cambio de soberanía a principios de siglos. La capital se convirtió en el mayor centro comercial mientras que en los pueblos del centro y sur de la isla el comercio desmereció. Debido a este problema Guamaní como otros pueblos "se replegó por aquellos años sobre sí mismo, encogiéndose y marchitándose como un enorme cuerpo calcinado" (93). Los apellidos se convirtieron en una característica diferenciadora entre las clases sociales, y con sus apellidos las familias venidas a menos se encerraron soñando con las glorias de otros tiempos. Algunas familias optaron por negociar directamente con los norteamericanos y su fortuna se acrecentó, pero siendo un criterio decisivo la limpieza de sangre continuó para los socios de los casinos y otros círculos sociales.

Inevitablemente surgió una clase trabajadora, que no pretendían apellidos, que de la noche a la mañana se apoderaron del comercio local y se convirtieron en los nuevos ricos. Este es el caso de Carlota Rodríguez, una de las protagonistas del cuento, cuyo padre se convierte en un hombre adinerado y por su fortuna logra tener control en el pueblo y en el gobierno. Carlota logra matricularse en un colegio de internado de niñas muy exclusivo, y logra ser la primera mulata que es aceptada por las monjas en dicha academia. A este colegio también asiste Mercedes Cáceres, hija de una familia rica, que habían logrado lidiar económicamente con los norteamericanos y habían asimilado esa cultura. Las niñas, quienes se convierten en buenas amigas, pertenecen a dos esferas sociales rechazadas por la alta sociedad, pero hipócritamente aceptadas por su buena condición económica. Este detalle se denota cuando Carlota, por la influencia que tiene el padre en el comercio, fue seleccionada como reina del Carnaval de San Juan Bautista; y como muestra de repudio, en vez de que el Comité le regalase un anillo o una pulsera de oro, como era costumbre, a Carlota le regalaron un mango. En honor a la amistad que las unía, Carlota le regala el mango a Merceditas cuando regresan al colegio, donde estaba prohibido llevar frutas. Ese día, la madre Artiga siente el olor de la fruta y como castigo le dice a Merceditas que tiene que conservar el mango hasta el día de su graduación. Mercedes cumple con el castigo y cada vez que lo mira se acuerda de las lozanas mejillas de Carlota.

Mientras tanto, Carlota, durante los preparativos para el día de su coronación, decide transformar la fiesta de una social elitista en una fiesta popular. Esto tuvo como consecuencia que las familias ricas retiraran la participación de sus hijas. Con la transformación de la fiesta surge una extraordinaria metamorfosis en la persona de Carlota, que ocurre paralelamente con el mango de Merceditas. Ella comienza a maquillarse de una forma exagerada y se adorna con aretes, anillos y peinados con "una catedral de rizos" (106) que provocaban las risas de las demás niñas. La Madre Artiga decide expulsar a Carlota de la academia, quien, con ayuda de otras monjas, le corta el pelo a Carlota y le lava su cara maquillada, mientras grita:

> ¡Quién te has creído que eres, grifa de mierda, mulata zarrapastrosa, si ni para cocinera ni para sirvienta sirves, mucho menos vas a servir para reina, empingorotada sobre tu trono como la glorificación de la chusma y de la vulgaridad!–¡Maldito el día en que pusiste el pie en esta academia! ¡Malhadada la hora en que te trajeron aquí para que te educáramos, denigrando, como lo has hecho, a nuestro Sagrado Corazón! (113)

En estos momentos tan humillantes para Carlota es su amiga Merceditas, quien al advertir el abuso físico y verbal, interrumpe a la monja y rodea a su amiga con sus brazos; toma el mango podrido–símbolo de la putrefacción social–y le dice: "no tienes por qué llevarte a casa mi castigo, porque ahora ya sabemos de dónde viene el olor" y se lo entrega a la Madre Artiga mientras le dice: "aquí tiene su Sagrado Corazón. Se lo regalo" (114). El cuento culmina en un momento de tensión donde tres clases sociales se enfrentan para solucionar un problema de descriminación racial.

Este cuento goza de un aparente absurdo, en cuanto que una mujer escritora escoge tres personajes femeninos, en un ambiente supuestamente religioso, para exponer la problemática racial en la historia de Puerto Rico. De esta forma se reafirma que, y por lo general, son las mujeres las que aplican estas reglas impuestas por una sociedad plagada de prejuicios. Ferré, a través de sus cuentos, presenta este problema como una preocupación propia y verdadera.

Al igual que los dos cuentos anteriores, el cuento "Isolda en el espejo"[39] finaliza con un momento de tensión cuando la protagonista, en la fiesta de su boda con Don Augusto Arzuaga, mientras baila con los invitados, se desprende de su ropa y todos observan su cuerpo desnudo en un acto de venganza. Adriana accede a la petición de matrimonio de Don Augusto cuando le promete que casándose con él podrá estudiar piano en el Conservatorio y no tendrá que competir para obtener una beca. La belleza de Adriana deslumbra a Don Augusto, quien la compara con la mujer representada en uno de los cuadros de su museo llamado "La muerte de Isolda." En la pintura, la mujer lleva un vestido finísimo en pliegues, con la falda recamada en piedras preciosas, las mejillas en tonos que dan un aspecto saludable y en su mano una taza de oro con un "bálsamo" (147). En la leyenda medieval irlandesa, Isolda fue la esposa del Rey Marcos de Cornwall y amante de Tristán, quien a su vez era esposo de Isolda de Britania. Isolda bebe el bálsamo de amor que había en la taza de oro, que va a tener como consecuencia la traición a su esposo con Tristam y más tarde su muerte (147).

Para la boda, Don Augusto insiste en invitar a sus socios norteamericanos, pues él había sido uno de los adinerados del pueblo que supo aprovechar la oportunidad de unirse a los inversionistas norteamericanos en la isla y duplicar sus posesiones y legados. Adriana, por su parte, se opone a los planes; pero Don Augusto le explica que era importante invitarlos porque de lo contrario existía el peligro de que, a causa de ello, los Bancos cancelaran los préstamos y fracasara económicamente. Durante los preparativos de la boda, Don Augusto ordena hacer una Venus con la réplica del cuerpo desnudo de Adriana y la coloca en el Quiosco del Amor. Adriana, por su parte, para el día de la boda planea su venganza. Ella se siente como un objeto en exhibición, al igual que el cuadro de Isolda y la Venus. Como parte de su plan de venganza ordena que le confeccionen un vestido idéntico al de Isolda. De esta manera, al llevar ella el vestido y mirarse en el espejo, su reflejo, justifica el título del cuento. Durante el baile, Adriana se despoja de su ropa y queda, a la vista de todos, como la Venus; el espectáculo causa la ruina de Don Augusto. Esta conducta de Adriana, al igual que la conducta de Isolda, es una traición a las convicciones de Don Augusto que lo lleva a la ruina moral, social y económica.

Como se observa en los tres cuentos, los personajes femeninos creados por Rosario Ferré, de una forma seria y concienzuda, han tomado decisiones drásticas para reprochar el curso de la historia desde una visión femenina. Ciertamente son personajes que no tomaron parte en la historia, pero en la ficción literaria cumplen el propósito de cuestionar aquellos hechos y personas que contribuyeron a la historia oficial e impusieron sus intereses personales por encima del bienestar común de un pueblo.

Para el 1991, Ana Lydia Vega (o Talía Cuervo), nacida en 1947, publica su colección de cuentos *Falsas crónicas del sur*. Esta colección de Vega se distingue de sus otras colecciones, *Vírgenes y mártires* (1981) que escribió conjuntamente con Carmen Lugo Filippi, y *Encancaranublado* (1983) y especialmente de *Pasión de historia* (1987). En una entrevista, al comentar Vega sobre *Pasión de historia*, señala al respecto que "en mi proyecto inicial está burlarme de la ideología, de los valores sociales, de todas las fuerzas de arriba que forjan el carácter y comportamiento de la gente"[40] y se refiere al discurso histórico como "cucarachero histórico." Por el contrario, *Falsas crónicas del sur* se destaca por su lenguaje elegante y rebuscado, debido a que los sucesos se recogen en forma de crónicas, las cuales deben de gozar de alguna formalidad y veracidad. La autora cataloga las crónicas como "falsas" debido a que el personaje que las cuenta es producto de su imaginación, pero no así el suceso. Anteriormente, Vega se preocupó por presentar el léxico puertorriqueño, recalcando en la sátira y el humor; en la colección tratada lo minimiza, pues no lo rechaza del todo. Por la efectividad del juego con el lenguaje en su narrativa y "por su estilo inimitablemente paródico y humorístico para comentar la subjetividad de la escritura histórica"[41] Vega ha merecido una buena acogida por la crítica isleña y extranjera.

En *Falsas crónicas del Sur* Vega ha escogido ciertas anécdotas históricas en forma de crónica, ocurridas en algunos pueblos del sur de Puerto Rico de donde su familia es oriunda. Al principio de cada cuento Vega ha incluido una información, al estilo de un prólogo, donde rectifica la veracidad de los hechos en el cuento que continuará, incluyendo lugar, fecha y nombre de los partipantes. Además, como prueba de la veracidad del relato escogido como marco para el cuento se incluye en una cita, en forma de epígrafe, la historicidad del hecho recogida por un historiador oficial. En su cuento

"Un domingo de Lilianne," la autora recoge la trágica Masacre de Ponce ocurrida el 31 de marzo de 1937. El cuento tiene como epígrafe un párrafo del texto del historiador Rafael Pérez-Marchant, *Reminiscencia de la Masacre de Ponce*, el cual se considera historia oficial. Pérez-Marchant señala en esas líneas:

> Por respeto a mí mismo, no interrumpiré el silencio de los muertos. Y mantendré mi relato libre de nombres en toda referencia a los que fueron protagonistas en la Masacre de Ponce; porque los más de ellos traspusieron ya la frontera de la vida y el que yo recuerde sus ejecutorias me parece pena suficiente para los pocos que aún viven, aguardando su turno de salida y escurriéndose como sombras que huyen de su pasado. (108)

Por el contrario, en el prefacio al cuento la autora señala:

> Basado en entrevistas y reportajes, este relato recrea, desde una cotidianidad que se agrieta de repente, aquel siniestro Domingo de Ramos. Aunque retocados por la imaginación, los personajes del Fiscal, su familia, el Coronel y el fotógrafo del *Imparcial* son tan históricos como los sucesos... Para contar este cuento, estuve oyendo voces por bastante tiempo. Hasta el infame General Blanton Winship, autor intelectual del crimen, reclamaba desde el infierno tiempo igual para dar su versión de los hechos. Por obra y gracia de la arbitrariedad autoril, ningún punto de vista me pareció tan seductor como el de la pequeña Lilianne, quien–paradójicamente–no estuvo presente. (106)

De esta forma la autora deja ver que los personajes de su cuento serán producto de su fantasía creadora, y que contrario al historiador oficial, en su cuento los personajes tendrán nombres identificadores.

La Masacre de Ponce como tema no es de uso reciente en la cuentística puertorriqueña pues ya otros autores lo han utilizado, inaugurándolo René Marqués en su cuento "El miedo," incluido en su colección *Inmersos en el silencio* (1976).[42] Lo significativo en este cuento de Vega estriba en que se cuenta desde un punto de vista diferente. El personaje femenino, "la pequeña Lilianne," es ya una mujer adulta que cuenta el acontecimiento ocurrido durante su infancia. Ella no participó en los hechos, como lo hicieron los otros personajes que también participan en el cuento. Lilianne recuerda el viaje con su familia a la ciudad de Ponce, con el propósito de visitar a sus abuelos, como lo hacían todos los domingos. La autora ubica su personaje en dicha ciudad, y su marco temporal es el Domingo de Ramos, 21 de marzo de 1937, fecha y lugar en que se llevó a cabo la Masacre de Ponce. Durante el cuento se entremezclan los relatos de la niña y otros observadores de la masacre o participadores activos. La mezcla de narradores, contando el mismo hecho, tiene la función de que el lector pueda distinguir entre qué es lo ficticio y qué es la realidad. Además, la narración desde diferentes puntos de vista recoge la opinión de personas que participaron en los hechos, y a la vez le da veracidad a lo narrado.

En ese Domingo de Ramos de 1937, un grupo nacionalista solicitó permiso al alcalde de Ponce para efectuar una manifestación y un mitin, con el propósito de celebrar la abolición de la esclavitud en Puerto Rico. El alcalde concedió el permiso, pero el gobernador Blanton Winship lo revocó, considerando que el permitir manifestarse al Ejército de Liberación, marchando por las calles de Ponce "constituiría una negación de las autoridades del país" (Vivas 279). En el cuento, la narradora retrocede en su recuerdo a ese marco temporal, que coincide con los hechos de la manifestación. La familia de la narradora, en su viaje habitual a Ponce, se atrasa debido a que el poco tráfico se había desviado, y se había ordenado a la policía que protegiera las calles del pueblo en caso de algún posible atentado. Al llegar a la casa de los abuelos todo parece en paz y la narradora se dedica a observar la naturaleza en los alrededores. Cuenta la narradora que de repente entró "por el portón, como un gran escarabajo de mal agüero, el carro negro con un guardia al volante y la insignia de la policia en el parachoques trasero" (120), y ella se da cuenta de que algo grave ha ocurrido. La policía venía a avisar al padre de la niña, que era El Fiscal, porque debía ir a investigar lo que había ocurrido. Al llegar El Fiscal al lugar de los hechos, con "sus ojos azorados" descubre unas palabras pintadas en la pared del convento: "¡Viva la República! Abajo los asesinos" (120). Se refiere la autora al hecho verídico de un joven miembro de Partido Nacionalista, Bolívar Marques, que había escrito dichas palabras con su propia sangre momentos antes de morir en los sucesos de la masacre.

La narradora comprende la importancia y magnitud de los sucesos en el momento que los cuenta, aunque no los comprendió en el instante en que acontecieron durante su infancia. Los hechos ocurridos le dejaron huellas y su vida se vio afectada desde entonces. Al comienzo del cuento, la narradora dice que "cada vez que vuelve a despertar en mí la memoria de aquel día, revivo el rito inalterable que marcaba el principio y el fin de todas las semanas de mi infancia" (109). Con estas palabras en voz de la narradora, la autora muestra como un hecho de esta índole también ha influido en la vida de una mujer. Aunque la narradora no tomó parte activa en los hechos, puede contar la misma historia que otros han contado como algo individual e íntimo y dejar constancia de los hechos como parte de su autobiografía. La narradora no desea presentar una secuencia histórica exacta, sino que desde una perspectiva subjetiva ella presenta su inquietud por lo sucedido.

A la vez se requiere una cierta objetividad por parte de la autora por ser el marco temporal uno real tomado de datos oficiales.

Tanto los norteamericanos como los puertorriqueños deseaban aclarar la situación política de la isla. Para el 2 de marzo de 1917 se aprueba la Ley Jones. Con dicha ley los puertorriqueños pudieron adquirir, el que así lo deseara, la ciudadanía estadounidense. Esta concesión de una nueva ciudadanía le abrió a los boricuas el camino hacia el norte en busca de una vida mejor. Muchos de los cuentistas durante estos años dedicaron sus creaciones a este tema.[43] Se culmina el ciclo con la novela *Paisa* (1950) de José Luis González, en la cual presenta la angustia del puertorriqueño en Nueva York. La escritora puertorriqueña contemporánea, reconociendo la importancia de la emigración a la metrópolis en la historia de Puerto Rico, ha continuado presentando este tema en sus cuentos. Ellas han tratado de manifestar las consecuencias de esta alteración ocurrida en la vida de los puertorriqueños, tanto en la situación de los que emigraron como de los que permanecieron en la isla.

A la par con el problema de la emigración se incrementó la participación de la mujer puertorriqueña en la fuerza laboral de Puerto Rico y de los Estados Unidos. Este tema lo trata Olga Nolla, (1946), en su cuento "Un corazón tierno" de su colección de cuentos *Porque nos queremos tanto* (1989). En su obra se percibe una elegancia en el vocabulario escogido, en la construcción de la trama, que permite el placer de la lectura y la distingue entre los cuentistas puertorriqueños. En dicho cuento, Nolla nos presenta la situación de una familia que, después de la Segunda Guerra Mundial, emigran a Nueva York. En Puerto Rico, Juana, la protagonista, figuraba como líder obrera; trabajaba para mantener su familia ya que el marido, Arcadio, era militante del Partido Nacionalista y su membresía "no era vista con buenos ojos por los patronos" (80). Juana, por el contrario, "era una líder reconocida en su centro de trabajo; sus discursos abogando por el mejoramiento de las condiciones de las obreras en la industria de la aguja le habían ganado un gran prestigio" (80). Arcadio fue encarcelado y al salir le fue imposible conseguir empleo y tuvieron que sostenerse "como podían con el sueldo de Juana" (80). Inmediatamente en el cuento tenemos dos situaciones históricas: una, la persecución que sufrieron, durante los años cuarenta, los políticos que abogaban por la independencia total de Puerto Rico y otra la introducción de la mujer en la fuerza trabajadora debido a la industrialización de la isla, logrando así la mujer sobresalir en la historia económica de Puerto Rico. Estas situaciones extraídas de los anales oficiales funcionan como marco narrativo a la anédota ficcional de la vida de los personajes, lo cual contribuye a la veracidad. La narración en su totalidad tiene una proyección progresiva, con cierto orden lógico, que facilita el seguimiento de los hechos.

Durante los años cuarenta sucedieron unos hechos en la isla de Puerto Rico que marcaron su historia futura. Por un lado, el retorno a la isla de Albizu Campos en 1948 después de cumplir diez años de prisión federal en Atlanta, Georgia, avivó al deseo de independencia. Ese mismo año se elige gobernador a Don Luis Muñoz Marín por una abrumadora mayoría. Dos años después el Congreso de los Estados Unidos le concede a Puerto Rico el derecho a redactar su propia constitución. Nolla ubica su cuento en el 1945, cuando está en apogeo la creación de partidos políticos con nuevas perspectivas y el propósito de participar en las elecciones del 1948; y por otro lado, cuando la mujer puertorriqueña se ha integrado a la fuerza trabajadora y comienza a dejar sentir su fuerza en la política con su presencia y su voto electoral.

La participación como líder y el abogar por el mejoramiento de las condiciones de trabajo de parte del personaje femenino en el cuento alegóricamente representa a varias figuras femeninas que tuvieron un gran impacto en el movimiento obrero de principios del siglo XX. Debemos mencionar a Luisa Capetillo (1907-1922), quien se inició en el movimiento obrero trabajando como lectora en una fábrica de tabaco. Ella observó las pésimas condiciones de trabajo de los obreros y para combatir la situación se unió a la Federación de Trabajadores. Luisa Capetillo se adelantó a su época y, para señalar la desigualdad entre los hombres y las mujeres, comenzó a usar una clase de falda pantalón, que en su época era una conducta inaceptable. Su habilidad para escribir y sus conocimientos periodísticos le facilitaron el propagar su opinión y apoyo a los trabajadores, y especialmente defender los derechos de la mujer.[44]

El cuento de Nolla se desarrolla en la ciudad de Mayagüez, la cual, según informa Blanca Silvestrini en su artículo "Women as Workers: The Experience of the Puerto Rican Woman in the 1930s," fue este pueblo "the largest city in the western part of the island and the center of the needle work industry."[45] Para 1933 en dicha ciudad las mujeres trabajadoras de la aguja se manifestaron en huelga y fueron maltratadas y encarceladas, por eso la prensa lo catalogó de una "masacre a indefensas mujeres." Para Silvestrini "women's participation in the needlework strikes of 1933 raised their level of awareness and increased their collaboration with other social movements."[46]

No sólo la mujer puertorriqueña era un ente importante en la economía, sino que en los Estados Unidos la mujer representó en este tiempo un baluarte indispensable, especialmente en la industria de la aguja. En el cuento, el matrimonio decidió emigrar a Nueva York; y Juana consiguió trabajo inmediatamente por su experiencia laboral anterior. En Nueva York, Juana empezó ganando tres veces más de lo que ganaba en Puerto Rico. Arcadio también consiguió trabajo, pero no pudo asimilarse a la vida norteamericana, especialmente al cambio de idiomas. Arcadio se unió a los nacionalistas en Nueva York, pero después del suceso del 1954,[47] Juana "le prohibió que volviera por la sede del partido" (82). El tener que estar alejado del partido lo convirtió en un hombre "taciturno," no deseaba hablar, "al abrazar a sus hijos sentía ganas de llorar... al abrazar a Juana sentía miedo" (82). El no pudo resistir la tristeza y regresó a la isla con la promesa de que los mandaría a buscar en un futuro no lejano. Juana se quedó sola con los hijos y se dedicó a trabajar para mantenerlos, con la esperanza de regresar a la Isla junto a su esposo. Mientras tanto, en Puerto Rico, Arcadio trabajó y ahorró hasta que logró construir la casa de sus sueños para Juana. Después de veinte años Arcadio le envía una carta a ésta pidiéndole que regrese, pero Juana ya envejecida y cansada de trabajar y esperar le contesta que no regresará, que ya es muy tarde. Según el narrador "las injusticias de la vida y veinte años en Nueva York habían endurecido su tierno corazón" (86). Como ciertamente dice la crítica María I. Acosta Cruz, Arcadio "no comprende por qué se han perdido los valores familiares de antes y no encuentra un rol en este nuevo orden socio-económico" (267). Por el contrario, Juana puede cumplir con su nuevo rol porque es consciente de que debe integrarse a una nueva cultura que le da cierta independencia y hasta una nueva identidad.

Este cuento, contrario al de Ferré y Vega, está contado cronológicamente por un narrador omnisciente tradicional, quien presenta los laberintos de la historia a través de la figura del personaje femenino. Juana representa a la mujer que trata de sobrevivir como puede ante las adversidades de la vida; que tuvo que asimilarse al sistema por necesidades económicas y olvidarse de los sentimientos patrios. También, la autora nos presenta la situación de una familia, que puede representar a miles de familias, dividida por los acontecimientos históricos. Además, siguiendo la corriente de la historia, la mujer tuvo que asumir un rol de obrera y líder de la fuerza trabajadora como lo hizo Juana, diferente al rol de madre y esposa al cual estaba acostumbrada la sociedad puertorriqueña de esos días.

Una de las preocupaciones mayores que ha sufrido el boricua desde siglos es su identidad como puertorriqueño, cuestión que surge como consecuencia de su historia. Esta búsqueda de la identidad existe tanto en los isleños como en los que viven en la metrópoli. Se ha discutido en innumerables ocasiones el ¿qué es ser puertorriqueño? Esta preocupación se acrecienta durante los años 40, debido a que el puertorriqueño no goza de una ciudadanía propia que le permita, por ejemplo, viajar a otro país y mostrar un pasaporte como tal; tener un dominio de sus aguas y espacio aéreo; tener un dominio de sus aduanas para controlar la entrada y salida de extranjeros. Durante el siglo pasado y todo el siglo XX, el escritor puertorriqueño se ha dedicado a dilucidar esta cuestión. Las escritoras puertorriqueñas también se han preocupado por la cuestión de manera más informal, jocosamente y a veces de burla, pero con el mismo interés que los escritores anteriores.

Un cuento que presenta la problemática de la identidad es "Pollito Chicken" (1978) de Ana Lydia Vega, incluido en su colección de autoría compartida *Vírgenes y mártires*. Debido a su tema, este cuento ha sido bastante comentado por la crítica literaria ya que se cuestiona si las personas de una segunda generación de puertorriqueños, nacidos y criados en Nueva York, se les considera o no boricuas. Se presenta también la idea de si estas personas a su vez se consideran boricuas ellas mismas. Este es el caso de la protagonista, Suzie Bermiúdez, quien reside en Nueva York y regresa a la isla de vacaciones. El cuento está contado en una mezcla de inglés y español, que como bien observa Margarite Fernández Olmos, refleja "las inconsistencias y el desdoblamiento de la personalidad colonial" (*Sobre la literatura puertorriqueña...* 14).

> En el cuento, la protagonista lucha con las influencias y concepciones de la vida, recibidas de dos culturas e ideologías diferentes. Por un lado, piensa en la vida que hubiera llevado si su madre no hubiera emigrado. Según ella, se hubiera casado con algún drunken bastard del billar, de esos que nacen con la caneca incrustada en la mano y encierran a la fat, ugly housewife en la casa con diez screaming kids... (76)

Por el contrario ella se casaría "con un straight All-American, Republican, church going, Wall-street businessman" (76), que es el prototipo ideal de un neoyorquino.

Cuando Susie llega a la isla y ve la transformación de que goza la misma, su ideología política brota rápidamente. Ella piensa "y todavía estos filthy no-good Communist terrorists se atrevían a hablar de independencia. A ella sí que no la iban a hacer "swallow esa crap" (77). Suzie se inclina por el "status quo" o por la unión permanente con los Estados Unidos. Sin embargo, ella no desea ser reconocida como puertorriqueña, sino que le interesa ser reconocida como una turista gringa. Pero al final del cuento al tener un encuentro amoroso con un nativo, en vista de que no encontró un gringo, se le desborda toda su puertorriqueñidad en el grito independentista de "¡VIVA PUELTO RICO LIBREEEEEEEEEEEEEEEE! (79). Con este grito el personaje se identifica como puertorriqueña y el lenguaje funciona, en el ámbito autorial por medio del personaje, como un medio de liberación para renegar de una identidad impuesta.

No solamente tratan este tema de la búsqueda de la identidad las escritoras que viven en la isla, sino que cierto número de ellas que viven en la metrópoli, se interesan por lo mismo y por lo tanto, han influido de una forma u otra el curso de la historia de la isla. Aunque algunas no han nacido en la isla de Puerto Rico, por ser descendientes de boricuas oriundos de la isla, se consideran netamente puertorriqueñas. Además, se identifican en la metrópoli como un grupo homogéneo, unidos por elementos culturales y hasta por un lenguaje, el "spanglish," surgido por la interacción de los idiomas español e inglés, lo cual los distingue como boricuas dentro de otros grupos de inmigrantes en los Estados Unidos. Estas escritoras, al igual que las residentes en la isla, tratan el tema del puertorriqueño y su mundo, movidos por la inquietud de la búsqueda de una identidad y unas soluciones para los problemas sociales y económicos. Esta inquietud ha contribuido a una expansión de la cosmovisión de lo que es ser puertorriqueño.

Varias escritoras puertorriqueñas de la metrópoli presentan el personaje femenino en una forma similar a las escritoras de la isla. Entre ellas podemos mencionar a Luz María Umpierre, Cenen, Luz Selenia Vázquez, Iris M. Zavala y Nicholasa Mohr. Esta última es una de las cuentistas más reconocidas de los Estados Unidos. Mohr presenta en su obra *Rituals of Survival: A Woman's Portfolio* (1985) una relación de cuentos, escritos en inglés, sobre mujeres puertorriqueñas o latinas que comparten historias y que tratan de sobrevivir en un ambiente de pobreza donde se aprecia el fracaso y el triunfo. En sus cuentos Mohr presenta la historia de mujeres que pertenecen a un microcosmo donde, sin proponerselo, son el centro; y que pertenecen a una segunda generación de puertorriqueños que no pueden rechazar los lazos culturales y la historia que las unen a los puertorriqueños de la isla. Estos lazos de los emigrantes con la isla se preservan a través de las historias, que los padres o los abuelos transmiten a sus descendientes.

De esta forma la palabra oral, tanto en el pasado como en el presente, continua siendo el medio transmisor que hace posible la preservación de la cultura y la historia de un pueblo.

Los personajes femeninos de la cuentística de Nicholasa Mohr tienen presente a un Puerto Rico en la lejanía que sólo conocen por medio de la palabra. Según John Miller, por medio de sus personajes Mohr desarrolla completamente en su trabajo literario "her edenic concept of the island."[48] En lo que se refiere a los personajes femeninos, estos ven la isla a través de la visión soñadora de sus madres o sus abuelas para quienes, según Miller, "the island represents a refuge, a place where the sick can be cured in the works of Mohr."[49]

Un cuento en particular que llama nuestra atención, por ser este representativo de las ideas expuestas, es "A Thanksgiving Celebration (Amy)," incluido en su colección *Rituals of Survival: A Woman's Portfolio* de 1985.[50] En este cuento, Amy, la protagonista, es una madre soltera que sobrevive día a día sin saber cómo en la ciudad de Nueva York. Cuando llega el día de "Thanksgiving" ella no tiene nada para poner en la mesa con que celebrarlo con sus hijos. De momento recuerda que cuando ella era pequeña y vivía en Puerto Rico, su abuela solía contarle cuentos fantásticos que ella creyó durante años. Luego, con el poco dinero que tiene compra una docena de huevos, los cocina y los pinta según los colores de la ocasión. Los niños, al ver los huevos, no consideraron lo algo excepcional. Pero Amy, siguiendo las técnicas de su abuela puertorriqueña, creando una historia fantástica de algo insignificante, hace que los niños vean los huevos de un modo diferente y se los coman. La protagonista crea un mundo para sus hijos basado en los recuerdos que tiene de su abuela puertorriqueña. Estos recuerdos salvan la situación de la protagonista tanto física como anímicamente. Una vez más Mohr logra crear un mundo edénico aparente a través de la visión soñadora de la protagonista heredada de su abuela.

Por otro lado, el personaje femenino en este cuento triunfa porque Mohr logra unir dos mundos diferentes, dos mundos que parecen estar cerca pero que los separan unas barreras linguísticas y culturales. Por un lado tenemos que Amy celebra una fiesta nacional estadounidense que no se observaba en Puerto Rico. Esto revela el proceso de asimilación que va ocurriendo en los niños puertorriqueños que se crían en los Estados Unidos. También se observa cómo el puertorriqueño, representado por un personaje femenino, no puede alejarse de los recuerdos de su pasado y, cómo estos recuerdos le ayudan a subsistir en una situación difícil. Esta situación se apoya en lo que la misma Mohr señala en su artículo "Puerto Rican Writers in the U. S.,

Puerto Rican Writers in Puerto Rico: A Separation beyond,"[51] que "The Puerto Rican that we were taught to believe in was largely based on the reminiscences of our parents and grandparents" (113). Así como la protagonista de este cuento, muchos de los puertorriqueños residentes en Nueva York y otras partes de los Estados Unidos saben que ya no podrán regresar y que sólo quedan reminiscencias de un pasado. Ellos saben que su casa se encuentra donde puedan trabajar y subsistir.

Tanto para Nicholasa Mohr como para otras escritoras puertorriqueñas en la metrópoli, el personaje femenino ha funcionado como vínculo para expresar sus puntos de vista de la historia que les ha correspondido experimentar. Sus escritos no sólo son válidos para contar sus historias a los puertorriqueños en la urbe neoyorquina o a los de la isla, sino que también, y al expresar sus experiencias en inglés, son válidas para dar a conocer su cultura y su historia a los demás habitantes de los Estado Unidos. También funciona el discurso para definir su posición tanto socio-económica como cultural y expresar su angustia y vicisitudes como ciudadano de una clase minoritaria.

Lo particular de estas escritoras estriba en que ellas no se esfuerzan por presentar figuras históricas conocidas, sino que por medio del personaje femenino inmerso en "inframundos" se presenta una realidad histórica. Estas escritoras han re-escrito la historia con el propósito de insertar, a través del personaje femenino, a la mujer como ente indispensable, y especialmente, la presencia de la mujer en la historia cumple el propósito de revisar el orden social y económico que las excluyó. Ellas, valiéndose de técnicas y estrategias no concebidas por escritores anteriores, le han dado un valor literario indiscutible a la cuentística puertorriqueña. El uso de la primera persona para exponer la anecdota a través de los personajes femeninos es un uso innovador en la cuentística puertorriqueña; además, el contar la historia desde un marco atemporal les facilita el colocar al personaje en cualquier tiempo de la misma. Sin duda, el uso de los juegos lingüísticos, como el bilingüismo, es una de las técnicas que mejor han aprovechado las cuentistas boricuas. Este uso del lenguaje no sólo permite apreciar el comportamiento y la cultura del pueblo puertorriqueño, sino también la libertad que siente la cuentista al escribir sus relatos, culminando así con la adquisición de su propia autenticidad como escritoras. Además, en sus cuentos ellas han incrementado la visión hacia unas nuevas perspectivas en la historicidad puertorriqueña y consecuentemente en la historicidad hispanoamericana.

TRES
El personaje femenino y el proceso de concientización

Algunas cuentistas puertorriqueñas se integraron al grupo de mujeres escritoras que establecieron un canon literario en la segunda mitad del siglo XX, con el propósito de exponer aquellas inquietudes interiores y buscar un significado a su existir como mujer en el mundo. El estudio de su propia evolución ha sido el método más adecuado que las escritoras ingeniaron para indagar en su mundo interior. Para lograr sus propósitos, las escritoras no se alejan de aquellos pensamientos expuestos anteriormente por otros innovadores y recogen de ellos la esencia. Por ejemplo, de la filosofía existencialista extraen la idea de retrotraer la atención hacia sí mismas para ser responsables de lo que son y alejarse del cuestionar la vida colectiva; con el propósito de buscar su identidad y darle un significado a su rol en el mundo se acercan a la "novela de formación o educación," también llamada "novela del despertar" o *Bildungsroman*, para tratar como asunto el desarrollo de la mente y carácter a través de varias experiencias de un protagonista en su paso por la niñez hacia la madurez.

Con estas ideas presentes y por medio de técnicas más innovadoras, muchas escritoras contemporáneas han logrado desarrollar una narrativa concientizadora. Esta narrativa les ha valido para reevaluar el pasado "desde una conciencia ya despierta"[52] y como consecuencia, desde un punto de vista personal y femenino, poder encontrarse, definirse y dar un significado a su obra literaria.

Hay infinidades de aspectos que pueden abarcarse en la novela o cuento de concientización.[53] Sin definir unos parámetros, se pueden mencionar algunos aspectos que marcan la vida femenina, como el despertar de la conciencia en la niña, poniendo énfasis en los años que van de la niñez a los de la pubertad; el darse cuenta de su cambio de niña a mujer; la relación entre la madre o padre y la hija; la maternidad; la inconformidad del rol femenino; la maduración de la mujer como ser social y político; las generaciones como "espejo" para mostrar cambios y continuidad; y el proceso de afirmación como escritora. La afinidad entre estos aspectos recae en que en todos la memoria es el principal reactivo que le proporciona una figura peculiar al discurso.

Al hablar de "la novela de concienciación" europea, Biruté Ciplijauskaité advierte que:

> Esto no es un fenómeno nuevo, lo hacía ya el héroe-narrador picaresco, pero con el propósito de justificar sus actos; la mujer contemporánea sigue preguntándose por su propia esencia, buscando su identidad, se acentúa el proceso abierto. (*La novela...* 34)

Tanto para un narrador picaresco como para la mujer contemporánea, para reevaluar el pasado desde el presente ha sido indudablemente la memoria el medio más efectivo, es el eje movilizador del proceso de concientización.[54] La memoria le facilita al personaje, ya sea femenino o masculino, regresar al pasado para evaluarlo y de esas consideraciones lograr objetivos futuros. En cuanto al personaje femenino se refiere, el reevaluarse regresando al pasado le facilita no sólo el hablar como mujer y analizarse, sino que también le proporciona la oportunidad de descubrir nuevos aspectos incógnitos, a veces enigmáticos. El uso acertado de la técnica de la representación gráfica de la memoria, por medio del "flashback" o la retrospección para el manejo exitoso de la transición del pasado y el presente, ha sido muy efectivo en esta clase de literatura para interpolar escenas narrativas.

Los cuentos de las escritoras puertorriqueñas que exploran el campo de la concientización a través de la memoria siguen la trayectoria de la novela de formación. La mayoría de las cuentistas puertorriqueñas se valen del despertar de la conciencia de la niña para exponer su crítica a la educación y formación a la que son sometidas las niñas; criticar el apego a las costumbres sociales y políticas pasadas consideradas como lo mejor; considerar la historia política y social del país, donde el ambiente exterior toma parte importante en la vivencia de la mujer. Las experiencias expuestas son aquéllas que de una forma u otra han marcado la vida de la niña, de la adolescente o de la mujer.

En estos cuentos, especialmente donde se presenta el mundo de la niña, el discurso toma un papel muy importante. El contar la historia desde la visión de la niña por medio del uso de la memoria facilita a su vez el enunciar el discurso desde la perspectiva de la primera persona. El rememorar el pasado desde el presente, a través de la memoria y usando el "yo", posibilita a su vez que la protagonista cuente su historia de una forma íntima, muy personal, casi egocéntrica; se nota un deseo de juzgarse a sí misma como el de juzgar tanto el presente como el pasado. Al tratar el tema de la memoria en la evolución de la novela femenina en España, Margaret E. W. Jones advierte que en los personajes femeninos hay un "énfasis autoanalítico,"[55] que también hemos observado en los cuentos examinados.

La cuentística de Magali Garcia Ramis (1946) se distingue por el uso de una niña o adolescente como narradora. En el cuento "Una semana de siete días," que se incluye en la colección de cuentos recogidos por José Luis Vega en *Reunión de espejos* (1983), la niña narra la espera por su madre durante un lapso de tiempo que aparenta ser una semana. Por la estructura circular del cuento comprendemos que ha pasado más tiempo del que la niña pueda comprender, pues al final ella misma señala que los trajes que la madre le había comprado ya no le sirven. Toda la acción del cuento, transcurrida entre un pasado lejano y el inmediato, se percibe a través del fluir de conciencia de la niña, a quien sólo le preocupa el regreso de su madre.

En el cuento se presentan tres generaciones de mujeres: la abuela paterna de la niña, quien difiere en creencias religiosas y políticas de la madre y representa el pasado; la madre de la niña, quien está involucrada en actividades políticas de extrema izquierda, entendiéndose que el objetivo es conseguir la independencia para la isla de Puerto Rico; y la niña, cuyo mundo ha sido diferente al de otros niños porque ha tenido que vivir en el extranjero a consecuencia de las actividades políticas de la madre y que al regresar a la isla se encuentra separada de su madre en un ambiente desconocido.

La niña en ciertos momentos comparte sus experiencias vividas en el extranjero, especialmente aquellas donde la madre ha tenido un amante o un hombre que ha pasado por su vida y con los cuales la madre no ha querido tener una relación seria como para llegar al matrimonio. La niña sabe que tiene un padre que vivía en la isla; y que el regreso a la isla se debe a que el padre ha muerto. Con el regreso, la niña puede distinguir entre su abuela y la madre, confrontando dos clases de tipos femeninos. La niña puede comprender que hay cierta conducta que la madre le permite, pero que la abuela no aprobaría o que la abuela la señalaría como parte del proceso de formación de una señorita. La niña, consciente de esta desigualdad, debe de tener cuidado de su comportamiento frente a ellas.

> 'Mamá, mamá, ya me desperté', dije. 'Ven acá, estamos en el patio', me contestó. 'Pero no sé dónde está mi bata', grité, porque ella estaba diciéndole a abuela que yo tenía educación y aunque nunca me ponía la bata eso ayudaría a lo que mamá decía. 'Olvídate de eso, si tú no te la pones, ven', repitió mamá que nunca fingía nada. Yo me acerqué y vi de frente a la abuela que era casi tan alta como mi madre y con su pelo recogido en redecilla me sonreía desde una escalerita donde estaba

> trepada podando una enredadera en ese patio sembrado de helechos y palmas. 'Saluda a tu abuela'. 'Buenos días, abuela', dije. Y ella bajó de la escalera y me dio un beso en la cabeza. (114)

De este momento en adelante la niña se enfrentará a dos cosmos femeninos completamente diferentes el uno del otro. La abuela todavía conserva unas costumbres, creencias y actitudes del pasado. Por otro lado, la madre es una mujer liberada que a diferencia de muchas mujeres puertorriqueñas de ese tiempo, está activamente ligada a la política. Cuando la madre se separa de la niña, dejándola con la abuela, se va a la ciudad. En esos días ocurren unos actos terroristas y la niña los recuerda como "tiempo de revolú". Ella percibe la situación e intenta leer el periódico. Este pasaje nos lo presenta Garcia Ramis por medio de una experimentación lingüística, al expresar en la forma exacta en que la niña por su corta edad lee el periódico. La niña dice:

> Yo sólo podía leer rápido las letras negras grandotas de la primera página que decían cosas como DE TE NI DOS LE VAN TA MI EN TO SOS PE CHO SOS Y IZ QUIER DIS TAS que yo no entendía. (117)

Este estilo personal directo le da una fuerza extraordinaria al personaje y contribuye al aumento de credulidad hacia la historia contada. Los errores gramaticales cometidos son lógicos a la edad de la niña; también, la división silábica acentúa el sentido auditivo que la autora desea transmitir al lector. Por otro lado, en las historias narradas por niñas no se debe exigir una verosimilitud en el lenguaje a través de todo el texto, pues en ocasiones podemos enfrentarnos a textos donde la niña narradora tiene una gran habilidad para pensar y hablar como una adulta sin renunciar a su niñez.[56]

Al final del cuento, la niña ya tiene conciencia de lo que es el tiempo al reconocer que ha pasado más de siete días; pero a la vez, debe confiar en su madre y esperarla. Durante este proceso corto de maduración ella comprende que si su madre nunca le mintió, ahora más que nunca debe confiar en su palabra. Esta espera paciente muestra la compenetración de dos mundos femeninos, a pesar de las diferencias de edades, y que no necesariamente tienen que ser diferentes como el mundo de la abuela y la madre. La compenetración entre mujeres tiene un valor significativo en el movimiento feminista literario en el cual la tendencia es que la escitora escriba sobre el mundo de las mujeres y el de la crítica dirigir su estudio crítico literario a la literatura creada por mujeres, llamado "ginocrítica" por Elaine Showalter, "con el fin de aprender lo que las mujeres han sentido o experimentado."[57]

En el cuento "Amalia" de Rosario Ferré, que ya hemos tratado en el capítulo anterior, la niña, contrariamente al cuento de Garcia Ramis, no tiene esperanzas en el futuro. En "Amalia" la niña logra comprender que por las circunstancias que la rodean ella ha perdido su niñez en su proceso de concientización. La niña se crió rodeada de personas adultas y nunca tuvo una interrelación con niños de su edad. Ella, contrariamente a los niños que disfrutan de una vida normal, no podía salir a tomar el sol y jugar fuera de la casa porque el contacto directo con el sol la desvanecía, derritiéndola como a la cera. Debido a este padecimiento ella permanecía dentro de la casa y varias sirvientas la cuidaban y debían de velar que ella no saliera afuera. El doctor que la atendía consideraba que la enfermedad era una degeneración genética e insinúa que podía ser debido a un caso de "incesto" en la familia. Este hecho lo narra la niña porque ha oído la conversación entre su madre y el doctor. En el momento en que la niña narra esta conversación y emplea la palabra "incesto" la narración adquiere un carácter heteróclito, o sea se aparta de la morfología de la palabra para jugar con la misma: "usted está loco, doctor, INCESTO, IN-CESTO, in the basket, encestó, señora, el cesto de la basura, el vicio de los pobres" (66). De esta forma la niña muestra una promiscuidad en su discurso al darle otra connotación a la palabra. Más adelante agrega:

> es el vicio de todo el mundo porque la relación sexual es siempre meternos dentro de nosotros mismos, meter el espejo dentro del espejo, el espejo redondo dentro del útero de nuestra madre por donde asoma la cabeza sangrienta de nuestro hermano, carne de mi carne y sangre de mi sangre que te meto dentro. (66)

Este discurso de la niña se comprende más tarde en el cuento al enterarnos de que su madre fue víctima de incesto por parte de su propio hermano y más tarde este mismo hombre, tío de la niña, desea abusar de ésta también. Se aclara así la frase "meter el espejo dentro del espejo," queriendo decir que hay una repetición de actos que se transmiten y se reflejan de una generación femenina a otra; es como un entrampamiento donde las mujeres están acorraladas en una historia estéril sin importar el tiempo y el espacio. No se desea reflejar aquí la desigualdad de generaciones, o las diferencias entre las mujeres, sino más bien que hay unas características en la evolución de la mujer que se perpetúan, presentadas a través del"espejo de las generaciones".[58] En el pasaje hay una concientización de la igualdad de la mujer en situaciones similares. En fin, son imágenes iguales que le sirven al personaje femenino a encontrarse a sí misma.

La niña de este cuento no logra su madurez porque ella desafía a la familia y a la vida al suicidarse de una forma pasiva. Con la madre muerta y bajo la tutela de un tío degenerado, la niña no tiene otra salida que la de acostarse de cara al sol y esperar su muerte lenta. Cuando la niña decide suicidarse ya conoce y ha experimentado demasiadas cosas negativas de la vida. Después de la muerte de la madre, el tío convierte la casa en un burdel para la diversión de los soldados norteamericanos. Las mujeres que trabajan para el tío deben seguir las instrucciones establecidas, para una mejor manipulación de las mismas. Este es el ambiente que rodea a la niña y en el cual el tío la convierte en participante de un sistema binario patriarcal.

Paralelamente a la vida del burdel, la niña crea su mundo con las muñecas que el tío le había regalado y al chofer del tío, Gabriel. En el juego, la muñeca Amalia, que fue la primera que el tío le regaló, tiene un trato especial. Aparentemente el chofer no podía tocarla, pero un día él "se atrevió a coger a Amalia entre los brazos" (74). En esta parte del discurso ocurre un desdoblamiento del personaje de la niña con su muñeca Amalia, que le permite a la narradora ocultar su vergüenza o miedo y poder contar el ultraje sexual que sufre. Ella cuenta que es Amalia la ultrajada por Gabriel y cambia el giro del discurso directamente hacia Amalia, usando la segunda persona. El dirigir la niña su discurso directamente a su muñeca le permite escudarse y poder expresar sus sentimientos:

> Todo hubiese seguido igual y así hubiésemos seguido siendo, a nuestra manera, felices, si no es por culpa tuya Amalia, porque se me metió en la cabeza que tú eras infeliz. (75)

Según Ciplijauskaité "el recurso técnico usado con más frecuencia en la novela de concienciación es el desdoblamiento con todas sus posibles ramificaciones" (*La novela femenina* 73). El doble o "doppelgänger" es un mecanismo para describir dos realidades, implicando metafóricamente el paralelismo de dos universos. Además, cumple la función de complementar un personaje con otro. Algunos críticos aseguran que a veces el desdoblamiento puede llegar hasta la esquizofrenia del personaje, hasta la locura. Esta exageración anímica en el personaje le permite a la escritora expresor el mensaje deseado y a la vez liberar al personaje de lo reprimido. Sin embargo, Rosario Ferré ha confesado en un ensayo, con respecto al fenómeno del desdoblamiento en sus cuentos, que

> este desdoblamiento de los personajes tomó lugar en mí inconscientemente; o sea, en ningún momento me lo propuse a priori, como un plan que debería determinar la naturaleza del libro.[59]

En el cuento tratado, la niña se funde con su muñeca para presentar su realidad, su mundo, y también logra la autora destacar las características del personaje con claridad e intensidad. Al final la niña comprende que para liberarse, como también liberar a su muñeca hecha de cera, del mundo en que viven deben exponerse al sol:

> Lentamente caminé hasta el centro del patio. Entonces me senté en el suelo y cogí a Amalia entre los brazos y la comencé a acunar. Te acuné mucho rato, tratando de protegerte con mi cuerpo mientras te ibas derritiendo. Después te acosté a mi lado y poco a poco fui abriendo los brazos sobre el cemento que late y estiré con mucho cuidado las piernas para que no se me ensuciara la falda blanca y las medias blancas y los zapatos blancos y ahora vuelvo la cara hacia arriba y me sonrió porque ahora voy a saber lo que pasa, ahora sí que voy a saber cómo es. (79-81)

El desdoblamiento y fusión de ambas al ser derretidas por el sol se emplea para recalcar la concientización de la niña en cuanto a su forma de vida y especialmente su pérdida de la niñez. Ya no será más niña-muñeca o muñeca-niña, en otras palabras, se rebelan a la manipulación que sufren de parte de los seres y el ambiente que las rodean.

Igualmente, Ferré se vale del desdoblamiento en otro de sus cuentos para mostrar en el personaje femenino un sentimiento de venganza. En el cuento "La muñeca menor," incluido también en su colección *Papeles de Pandora*,[60] se aprecia la transformación fantástica de las muñecas que construye la tía según sus sobrinas van creciendo, y a la vez se presencia el desarrollo de una mujer adolescente en adulta, tanto en la tía como en las sobrinas. La vida de la tía, el personaje femenino protagónico, desde su casi adolescencia hasta su vida adulta transcurre con el sólo propósito de vengarse, por medio de las muñecas, del médico que nunca le cura la enfermedad de su pierna. Un día que fue a bañarse al río la mordió una"chágara viciosa,"[61] y como el médico no la curaba "se resignó a vivir para siempre con la chágara enroscada dentro de la gruta de su pantorrilla" (9). Al final del cuento, de una forma sorpresiva, una de las muñecas se funde o confunde con la sobrina en un desdoblamiento fantástico. La última sobrina se casa con el hijo del médico de la tía que, al igual que el padre, sólo desea explotar la belleza y la posición social de la joven. El hombre nota que según él envejecía su esposa, por el contrario, conservaba su piel aporcelanada. Una noche quiso auscultar el corazón de la esposa con su estetoscopio y oyó "un lejano rumor de agua." En este momento "la muñeca" abre sus párpados y de sus ojos salen las antenas de la chágara. Con la última muñeca, tanto la tía como la sobrina logran tener éxito en su venganza.

Ferré crea toda una atmósfera sobrenatural para provocar esa venganza. El uso de personajes anónimos conjuntamente con elementos fantásticos y grotescos, como la insólita e indestructible chágara, ligados a una tensión que incrementa a medida que el cuento avanza funcionan perfectamente para la creación de un mundo surreal que provocan reacciones "fantásticas" tanto en el personaje como en el lector.[62] Además, de esta forma los personajes femeninos de la cuentística de Ferré sufren un desdoblamiento para dar énfasis a la rebelión y a su vez destacar las características de la protagonista.

El proceso de concientización no sólo ocurre durante la niñez de la protagonista, pues al igual que la novela de formación puede ocurrir durante la adolescencia hacia la madurez o en la madurez misma. Sin embargo, nos aclara Ciplijauskaité que la transformación o proceso que sufre la protagonista está "forzosamente relacionado a la experiencia sexual" (46). Esta experiencia sexual puede ser positiva o negativa, pero le servirá a la protagonista como punto de partida para tomar aquellas decisiones en su vida que conscientemente considere necesarias.

En el cuento de Olga Nolla (1947), "Si Altagracia cuidó a mamá,"incluido en su colección de cuentos *Porque nos queremos tanto* (1989),[63] mediante un lenguaje coloquial, la narradora, Doña Leonor, nos expone la vida de Altagracia. Ambas, la narradora y Altagracia, son mujeres adultas. La narradora enviudó después de un matrimonio que duró cuarenta y cinco años. Por otro lado, según la narradora, Altagracia es una mujer de cuarenta y ocho años cuando se casa con Pepín, y se entiende que ya era adulta cuando vino como sirvienta a vivir a casa de la madre de la narradora. Para la familia de la narradora Altagracia era una santa y la madre de la narradora "alababa su castidad a prueba de balas" (90). Igual pensaba el hermano de Altagracia, Héctor, quien la trajo a la casa de la señora a servir. Todos la ven como una mujer sumisa y complaciente; y no como una mujer que es capaz de ejercer un acto independiente de emancipación.

Nos aclara Ciplijaskaité que un aspecto importante de la concientización en algunas de las novelas estudiadadas por ella es "el despertar del deseo sexual y su configuración" y señala "la necesidad de perder la virginidad para llegar a ser una mujer emancipada" como una preocupación frecuente que se presenta en las novelas "sin melodrama ni romanticismo" (55). En el cuento que comentamos, Altagracia accede a perder su virginidad con tal de cobrar su libertad y obtener una aparente emancipación. Dice la narradora que, desde antes de morir su madre,

> Altagracia había comenzado a transformarse. Sus cuarenta y ocho años de doncellez parecían despertar a la vida. Se le notaba vivaracha, los ojos brillaban como lagunas negras inundadas de luna y, cuando le cambiaba las sábanas a mamá, cantaba boleros de Pedro Flores. Mamá no se daba cuenta, pero yo sí, demonio de ese Pepín, estaba a punto de derribar aquella fortaleza de cuarenta y ocho años inmaculados... (91)

La noche de la muerte de la señora, Altagracia se fuga con Pepín. Esto era un escándalo para la narradora y su familia, quienes por su posición social y el qué dirán condenaron la conducta de Altagracia. Además, la consideraban una vieja a sus cuarenta y ocho años y esta conducta se le atribuye a una mujer joven. Pero Altagracia cumple con los requisitos de la sociedad y se casa con Pepín, quien se transforma con la unión; y goza de la experiencia amorosa del matrimonio. Ella deseaba ser una señora, con un marido, una familia y a la vez ser una mujer de negocios junto a su compañero. Altagracia se propone cumplir con su rol tradicional de esposa complementado con el rol menos tradicional de una mujer de negocios; con el resultado de que tiene éxito en los negocios pero en el papel tradicional fracasa, pues a los seis meses de matrimonio se ve precisada a abandonar a Pepín por trato cruel.

Al final del cuento la narradora dice que Altagracia, después de dejar a su esposo, regresa a su pueblo y "jura que jamás volverá a abandonar las dunas de su infancia" (95). La mala experiencia de Altagracia sintetiza la mala experiencia de la mujer con los hombres y funciona como una inversión irónica de la maduración porque no la lleva al logro de una plenitud femenina, sino de vuelta a las raíces de su niñez. Con una conciencia madura a consecuencia de su experiencia, Altagracia toma decisiones muy personales que requieren de mucho valor de su parte: no continuará como esposa abusada y no continuará siendo una sirvienta. Al fin logra su emancipación. Además, esta experiencia, aunque negativa, le ha servido para valorar el pasado.

Por medio de este cuento y a través del proceso de concientización, Nolla nos presenta la necesidad que tiene la mujer en ocasiones de retornar a lo esencial o a conductas que no son vistas como normales en la sociedad. En el cuento, para que el personaje femenino pueda lograr una conciencia madura debe tener experiencias en la vida, y cuando alcanza su madurez obtiene a su vez la libertad.

Por otro lado, la autora nos presenta dos tipos de mujeres, de dos mundos opuestos. Doña Leonor, que a la vez es la voz de la narración, no percibe el proceso de concientización que experimenta el personaje femenino que ella nos describe. La narradora sólo desea presentarnos su punto de vista de una forma muy egoísta que no le permite aprobar la decisión tomada por Altagracia. Cuando la narradora se entera que Altagracia ha fracasado en su matrimonio ella argumenta, "pero desde ese día se me ocurrió la idea de pedirle que se viniera a trabajar conmigo y me cuidara como cuidó a mamá. Sería estupendo para mí, realmente perfecto." Más adelante añade, "no entiendo por qué Altagracia se hace la sorda si total, nunca le fue mejor que cuando cuidó a mamá" (94). Para la narradora la libertad de la cual goza Altagracia no es lo importante, sino su propia necesidad de compañía y la continuación de una vida fácil con las comodidades de las que siempre ha gozado.

En "El milagro de la calle Sol," Olga Nolla crea un personaje femenino opuesto al personaje femenino del cuento discutido anteriormente. En el cuento, incluido tambien en la colección *Porque nos queremos tanto*, Nolla logra indagar en la cultura popular para criticarla[64] a través de una perspectiva narrativa de la primera persona plural. Este narrador, algo innovador en la cuentística puertorriqueña, es una voz colectiva que cuenta de una forma jocosa y populachera la historia de una de las vecinas, Rosa, de la calle del Sol en San Juan. Para los narradores la vida de Rosa sólo es comparable a la vida de las mujeres de las telenovelas y desde el comienzo de la narración son conscientes de que esta historia no es creíble, aunque el detalle de los múltiples narradores en una sola voz debe favorecer la veracidad de lo contado. Por el contrario, durante todo el transcurso del cuento los narradores sienten la necesidad de probar su credibilidad. Por esto al final rectifican:

> Esa es nuestra historia. Verdadera de rabo a cabo, y si no nos creen pregúntenle a la misis que se ha leído muchos libros y al cura en aquel tercer piso que también se ha leído muchos libros. Pregunten para que vean, que en este barrio no nos inventamos las cosas así porque sí, pues cuando el río suena es porque agua trae. (130)

Según la narración Rosa fue víctima de su primer marido con quien se había fugado a los quince años, maltratada por el padre a quien cuidó hasta la hora de su muerte y abandonada por los hijos. Al final, a los cincuenta y cinco años, "sucedió el milagro" cuando ella conoció a Patricio, cocinero de un hotel, con el que se casó por la iglesia católica.

La experiencia sexual de esta protagonista, contrariamente a la protagonista de "Altagracia...," es una experiencia positiva que la lleva a la felicidad y a la madurez como mujer. Según los narradores el primer día que Rosa salió con Patricio ella "parecía una oveja conducida al matadero.

Tenía la cara compungida y se sentía incomodísima" (127), pero a la mañana siguiente su aspecto cambia y "Rosa no tenía la cara tan compungida" (128). El personaje femenino de este cuento ejemplifica a la mujer que obtiene su madurez a través de un proceso de concientización paso a paso por la vida para, ya de adulta, tomar una decisión que la ayudará a lograr su bienestar.

A lo largo de nuestra investigación hemos notado que, al igual que las escritoras puertorriqueñas de la Isla, no hay unas pautas diferenciadoras en cuanto al tratamiento que las escritoras puertorriqueñas criadas en Nueva York confieren al proceso de concientización del personaje femenino. En el caso de Nicholasa Mohr, por ejemplo, sus cuentos tratan muy efectivamente la situación de algunas mujeres que para adquirir su libertad se han visto obligadas a tomar decisiones drásticas y a la vez alentadoras.

En su cuento "The Artist (Inez)," también incluido en *Rituals of Survival,*[65] la protagonista, Inez Otero, llega a la vida adulta a través de un proceso paulatino de concientización. En este cuento, la autora no aprovecha la voz de la protagonista para narrar la historia, sino que de una forma tradicional utiliza la tercera persona omnisciente, que en ocasiones, por ser el narrador o narradora una persona observadora, agudiza la situación aflictiva del personaje femenino principal. Inez, desde los once años cuando muere su madre, y ya era huérfana de padre, "had prayed every night fervently to God that somehow and in some way she would be set free from the miserable life she had been forced into" (105). A causa de la muerte de la madre, Inez tiene que ir a vivir con su tía, la hermana de su padre muerto; no puede regresar a Puerto Rico porque la familia de su madre no quiso adoptarla.

En la casa de la tía, Inez comienza a experimentar una vida completamente diferente a la acostumbrada. Su tía es una mujer avara en todos los aspectos. El marido de la tía, Generoso, es un marino mercante y la ausencia de éste le permite a la tía tener control absoluto del hogar; así aprovecha para imponer su sistema matriarcal amparada en el sistema de valores patriarcales. Esta mujer tiene una hija, Deidre, quien es seis meses menor que Inez, pero vive en una perpetua inseguridad. Además, tiene un hijo varón, Papito, que desde los trece años comienza a masturbarse a cualquier hora del día y en cualquier lugar, hasta cuando estaban reunidos comiendo en la mesa. Inez y su prima se quejaban ante la tía, pero ella siempre encontraba una excusa para Papito y les reprochaba, "Why are you always looking at him, eh? You shouldn't be so interested in what your brother has in his pants" (112).

Sin embargo, no tenía piedad para juzgar a los demás y no les permitía a las niñas tener amigas o ninguna relación con un muchacho del barrio porque para ella todos eran "basura... títeres... o bums that hang out on corners making obscene remarks at girls" (114). Así, toda su filosofía de la vida para medir lo bueno y lo malo se amparaba en un doble patrón.

Desde el momento en que Inez llega a convivir con esta familia, un momento de gran modificación en su vida, comprende que si quiere liberarse y tener una vida mejor, debe de luchar sola y esperar el momento apropiado; con esta idea en mente se forja unos planes, los cuales, según la narradora, pensaba que eran los más acertados.

> Marrying, living in her own apartment far away from the Vazquez family, and being independent once and for all, Inez decided, was a sure path to a happy future. This way, she reasoned, she would be able to work and study art, a desire she had been nourishing ever since was a child. (106)

Cuando tenía diecisiete años y todavía no había terminado la escuela secundaria, conoce Inez a su futuro esposo, Joe Bautista, con quien se casa inmediatamente al terminar la escuela. Sus ansias de libertad no le permiten discernir y poder analizar el significado del matrimonio y lo que este pacto, especialmente en una sociedad patriarcal, conlleva; por eso el día de su boda "Inez repeated her vows without much emotion or commitment; all that these words meant to her was a passport to freedom" 123).

En el caso de este personaje femenino, no es "la necesidad de perder la virginidad" lo que la motiva a querer ser una mujer emancipada, como es el caso de Altagracia en el cuento de Olga Nolla, sino que es uno de los valores que Inez pierde en el proceso sin haberlo tenido en cuenta en sus planes prematuros. El significado de la virginidad en una sociedad machista será lo que le facilitará obtener su emancipación. La noche de su boda, y cuando por primera vez Inez tiene relaciones sexuales con su esposo, ella sangra, lo que le preocupa y le molesta. Al contrario, al esposo este acontecimiento lo colma de alegría y reacciona de esta manera:

> "Ah ha! Baby, I knew it for sure. You were a virgin all right... you weren't fooling me. But no more! I got you now. Now, baby, you are mine!" he grinned, pleased with himself, and he reached over to Inez and kissed her on the navel. (124)

Inez no percibe lo que significan estas palabras posesivas. En adelante Joe Bautista se convierte en el dueño y señor de Inez, intimidándola con sus gritos, su fuerza física y arrebatos de cólera; y cuando Inez le presenta la idea de estudiar arte, él le contesta: "Forget about all this art school bullshit!...

Me! the man...the macho of the house. I have my law degree to get, remember?" (128). Las metas de Joe ocupan un lugar primario y son realizables, pero las metas de su esposa no tienen una importancia considerable.

> In the six months since her marriage, Inez had only experienced what it was to be Joe Batista's wife. That independence she expected, and studying art, were still beyond her reach. To make matters worse, Joe Batista turned out to be an insanely jealous man, and almost as stingy as Aunt Ofelia. (106)

Una vez más Inez debe comenzar a luchar por su emancipación como lo hizo cuando vivía con su tía; "somehow she had managed to get away from 'them' and somehow she vowed to get away from 'him'" (125). Con el tiempo y después de algunos percances, Inez decide enfrentar a su marido y liberarse de él para siempre, vengándose de su machismo fosificado. Ella le miente y le dice que cuando se casó con él no era virgen y que ella perdió la virginidad a los once años. Esta decisión de destruir su reputación con el propósito de destruir el orgullo masculino es el acto que lleva a la protagonista a adquirir la emancipación. La narración termina con esta escena:

> Inez looked up a the sky: thin clouds obscured a full moon. She waited until the moon appeared illuminating clouds and silhouetting rooftops against the dark blue sky. She stretched out her arms and inhaled, filling her lungs with the cold brisk night air. Then, Inez turned, spun herself around and around and skipped a few times before she headed for home. (158)

Simbólicamente, Inez es esa luna a quien unas nubes la obscurecían, pero al despejarse el cielo, ella, como la luna, adquiere el control de su vida y una vez más comenzará a luchar para realizar los sueños de su niñez. De esta forma el proceso de concientización de la protagonista se experimenta paso a paso, comenzando en la pubertad hasta terminar en un completo desarrollo físico y emocional, cometiendo errores y alcanzando logros, para culminarse en una independencia total. Señala Ciplijauskaité en su estudio de la novela europea que,

> la categoría "novela de concienciación" abarca prácticamente toda novela escrita por mujeres en los últimos años, siempre que ésta quiera ser leída con un enfoque femenino y que se haya intentado darle un discurso específico. (80)

A esta enunciación debemos añadir que no se culmina el proceso de concientización si durante o al final de la narración no se cambia o no se toma una decisión importante que influya en la vida del personaje, contrario a la adaptación que logra la protagonista de la "novela de formación" tradicional a un determinado grupo al que pertenece o a la sociedad existente. Los personajes femeninos estudiados en este capítulo ciertamente han tomado por lo menos una determinación que ha variado o desviado sus vidas. Algunas han adoptado soluciones drásticas, como en el caso de la niña en "Amalia," otras, como la protagonista de "La muñeca menor" optó por la venganza, y las otras de una forma negativa o positiva eligieron una decisión que modificó sus vidas para siempre.

El enfocar el despertar consciente de la niña en su paso hacia la adolescencia y a su vez hacia la vida adulta, como el enfocar en la maduración emocional del personaje femenino adulto para lograr su liberación o emancipación, posibilita a la autora explorar en el proceso creativo y en su propia concientización de escribir como mujer. Según Doris Lessing, "el verdadero proceso de concienciación se da sólo a través de la experiencia vivida, no se puede inducir teóricamente."[66] Estas experiencias vividas las manifiestan las autoras por medio de su palabra escrita que a la vez funciona como su proceso íntimo de concientización. Por esto Rosario Ferré ha señalado que para ella el acto de escribir "es una posibilidad de crecimiento y de cambio," que ella escribe "para edificarse palabra a palabra".[67] Así, el lenguaje, tanto para los personajes como para la escritora, es "un medio hacia la liberación a través de la concientización."[68] El encontrar el lenguaje apropiado para "dar el discurso específico" adjudica la liberación completa tanto a los personajes como a la escritora; pero para conseguirlo la escritora necesita crear su propia praxis verbal que la lleve a descubrir y crear nuevas premisas, con el fin de lograr nuevos caminos hacia una concientización auténtica y legítima.

CUATRO
El personaje femenino y la escritura rebelde

Como advertimos en el capítulo anterior, a la escritora contemporánea le urge descubrir y crear nuevas premisas para ocupar un lugar privilegiado que le permita ejercitar su arte de la escritura a plenitud. Esta necesidad o urgencia se nota a través de la creación literaria de las escritoras al indagar con una nueva temática, nueva estructuración, y especialmente la urgencia de encontrar un nuevo lenguaje para su discurso. El lenguaje, además de ser un ente comunicador, le ha sido útil a las escritoras para subvertir y desmitificar las estructuras y cánones existentes y codificar un mensaje diferente que refleje armoniosamente su realidad. Este proceso desmitificador no ha sido posible a través de un método pacífico, sino que se ha requerido de la demostración de cierta rebeldía en la obra literaria de las escritoras. En esta escritura rebelde la escritora usa un lenguaje crudo y realista para rechazar las estructuras lingüísticas, sociales y culturales; en su contenido la ironía juega un papel esencial y se experimenta más a fondo con escenas erótica-sexuales; y además se presenta al personaje femenino como el ente propulsor de dicha rebeldía. El uso de un protagonista femenino tiene como finalidad que la mujer pueda mirarse en ese espejo presentado por la escritora, para que la posibilite a observar la historia desde otra perspectiva, la aliente en el proceso de concientización, cuyo fin debe ser el logro de su autenticidad. Esta autenticidad se manifiesta a través de la afirmación de que la mujer posee una conciencia propia y que existe en la escritura una estética femenina que la identifica.

Cuando se examina la literatura femenina europea se observa que en dicha literatura, según nos informa Biruté Ciplijauskaité, las escritoras "adoptan un tono agresivo"[69]; más bien hay una rebeldía. Para ellas es "necesario destruir antes de crear."[70] Su proyección de destrucción puede abarcar desde las jerarquías sociales, a la moral burguesa y el lenguaje, para mencionar algunos; para lograrlo ellas se empeñan en destruir y reconstruir las estructuras lingüísticas y sociales existentes y reivindicar lo erótico/sexual como protesta. No son las escritoras contemporáneas las primeras en presentar lo erótico en la literatura, pues "ha existido desde la antigüedad" (Ciplijauskaité 166), pero hoy día la mujer escritora se atreve a tratar este asunto vedado para ellas en tiempos pasados. Para Anaïs Nin lo erótico es "la totalidad de la experiencia sexual, su atmósfera talante, sabor sensual, misterio, vibraciones, el estado de éxtasis, la gama completa de sentidos y emociones que la acompañan y la rodean"[71] Así mismo, para Margarite Fernández Olmos y Lizabeth Paravisini-Gebert el discurso erótico de las escritoras latinoamericanas

> abre nuevos horizontes literarios y culturales en su uso de lo sexual como vehículo para una crítica audaz del sexo y la política. Es parte de un proceso revolucionario cuyo objeto es el de desenmascarar las categorías culturales del sexo y el género en la búsqueda de una verdadera liberación y concientización que conduzca a la restauración total de la dignidad de la mujer latinoamericana.[72]

La escritora puertorriqueña se ha integrado al grupo de escritoras que se proponen participar en ese proceso revolucionario y explorar a fondo las experiencias vitales que señala Nin, para presentarlas "desde su punto de vista."[73] Con estas ideas en mente, la cuentista puertorriqueña se ha enfocado en la creación de un lenguaje nuevo que le facilite el exponer sus puntos de vista a través de sus personajes femeninos. Este modo de proceder las ha persuadido a que examinen la evolución de los valores tradicionales, las normas que rigen la sociedad puertorriqueña contemporánea y cómo esta sociedad responde a los acontecimientos políticos y sociales.

Por otro lado, el éxito de la literatura femenina contemporánea hispanoamericana, y el hecho de que ésta pueda ser incluída en el llamado "posboom," se debe al indudable cambio de actitud, tanto de los hombres como de la mujeres (ya sea como escritores, críticos o lectores) frente a la literatura que ha producido la mujer. Una crítica alentadora es lo expuesto por Juan Manuel Marcos al comentar sobre la actitud que distingue a Isabel Allende de García Márquez; él dice, "Yo diría que Isabel no tiene esos prejuicios [los prejuicios que tiene Márquez creados por su formación religiosa y su sociedad burguesa] simplemente porque, para la narrativa latinoamericana por mujeres, por fin ha llegado la hora de no tener ninguno."[74] Ciertamente, el deshacerse de los prejuicios es una de las primeras medidas tomada por las escritoras en su deseo de presentar de forma cruda sus observaciones de la vida humana y lograr inventarse en la literatura una identidad que esté más cerca de su realidad extra-literaria. Esta actitud de agresividad la ha conducido a la revalorización de su espacio inmediato como el hogar, su lugar de trabajo, su lugar de estudio y especialmente su relación con las demás mujeres con las cuales se identifica.

Como consecuencia del acercamiento de la mujer escritora hacia las demás mujeres o la otra mujer que la circunda, la literatura femenina ha tenido el apoyo de las críticas feministas, pues ellas han sido las que con más ahínco se han dedicado a estudiar las obras escritas por mujeres en el pasado así como en los últimos años.[75] Mas, le sorprende a Rosario Ferré, según comenta en su artículo "La cocina de la escritura,"[76] que estas críticas "guardan silencio absoluto" en sus estudios sobre el uso del lenguaje obsceno en la literatura femenina contemporánea. Ferré, después de ser interrogada por un crítico–según ella comenta en dicho artículo–sobre el uso del lenguaje obsceno en sus propios cuentos, causando en ella esta cuestión una gran depresión y obligándola a meditar sobre el asunto, llegó a la conclusión de que su propósito al escribir de esta manera

> había sido precisamente la de devolver esa arma, la del insulto sexualmente humillante y bochornoso, blandida durante tantos siglos contra nosotras, contra esa misma sociedad, contra sus prejuicios ya caducos e inaceptables... Si la obscenidad había sido tradicionalmente empleada para degradar y humillar a la mujer, me dije, ésta debería de ser doblemente efectiva para redimirla. (148)

Con esta intención en mente escribe su cuento "Cuando las mujeres quieren a los hombres" (1976), incluido también en *Papeles de Pandora;*[77] en este cuento Ferré presenta, por medio de los dos personajes femeninos, una dualidad femenina impuesta por la sociedad. Ferré, por medio de la técnica del desdoblamiento, presenta la doble vida de Isabel Luberza (la señora) e Isabel La Negra (la prostituta), personaje tomado de la vida real. Todo el cuento es un aparente diálogo, ya que se usa la segunda persona singular; pero más bien es un monólogo retrospetivo del personaje femenino, Isabel, dirigido a su marido ya muerto. Al final los dos personajes femeninos se funden y destruyen las normas establecidas por la sociedad que aislan a la mujer casada o "de su hogar" de una prostituta. Igualmente, Ferré se aprovecha de la técnica del uso del lenguaje callejero para poner de manifiesto un vocablo vulgar y obsceno, en la voz de una de las protagonistas, cuyo fin es el destruir el discurso tradicional femenino de la mujer delicada, de voz suave y vocabulario cuidadoso.

En el cuento, Ferré representa acertadamente dos ámbitos en conflictos por medio del discurso de las mujeres. Ambas, después de muerto Ambrosio, reprochan la conducta del amante y esposo y le dirigen su discurso directamente. Por un lado se aprecia la voz de la esposa que, al saber que él tenía una amante, le dice:

> Decidí entonces ganarte por otros medios, por medio de esa sabiduría antiquísima que había heredado de mi madre y mi madre de su madre. Comencé a colocar

> diariamente la servilleta dentro del aro de plata junto a tu plato, a echarle gotas de limón al agua de tu copa... Colocaba sobre tu cama las sábanas todavía tibias de sol bebido, blancas y suaves bajo la palma de la mano como un muro de cal, esparciéndolas siempre al revés para luego colocarlas al derecho y desplegar así, para deleitarte cuando te acostabas, un derroche de rosas de azúcar refinada que te recordará a la alcurnia de nuestros apellidos... (40)

En el discurso se denota una voz pasiva en la protagonista debido al tono y al uso de un vocabulario escogido que identifica, según los verbos usados, a las acciones de una esposa cuidadosa y buena de la alta sociedad; no hay agresividad en su voz a pesar de la situación en que se encuentra. Además, el uso de ciertos sustantivos y adjetivos revelan un carácter femenino, ya sea por su configuración circular que representa la cabida vaginal, como en el caso de la palabra "aro," asociaciones directa con relación a la sensualidad de la mujer, o palabras que en su género son femeninas, como: gotas, agua, copa, cama, sábanas tibias, blancas, suaves, rosas de azúcar refinada. Al mismo tiempo comprendemos que para ella la posición social era de suma importancia y salvar su matrimonio era su deber; por eso le recuerda a su esposo la "alcurnia" de sus apellidos que le da el derecho a pertenecer a familias "refinadas." También, se entiende que el problema de las amantes no era uno nuevo, sino que ya su abuela había estado combatiéndolo con actos supersticiosos y ella copia la conducta de su generación femenina anterior. En otras palabras, ella se mira en el espejo de su abuela, en el que se miró su madre, para ver las mismas caras y las mismas situaciones. La actitud pasiva de esta protagonista tiene la función de añadir relieve al discurso prototipo de una escritura rebelde, impuesto por Ferré al discurso de la otra protagonista, Isabel La Negra. Obviamente, el discurso de Isabel La Negra se distingue considerablemente del discurso de Isabel Luberza:

> Porque aquí, escondido entre los brazos de Isabel la Negra nadie te va a ver, nadie sabrá jamás que tú eres débil y puedes estar a la merced de una mujer, porque aquí, mijito, hozando debajo de mi sobaco,... aquí nadie va a saber, aquí nadie va a importarle que tú fueras un enclenque más, meado y cagado de miedo entre mis brazos, porque yo no soy más que Isabel La Negra, la escoria de la humanidad... (37)

Contrario al discurso de Isabel Luberza, Isabel La Negra no tiene necesidad de mirarse en el espejo de las generaciones porque ella se conoce a sí misma, sabe quién es y de dónde viene, muestra una seguridad que le falta a Isabel Luberza. Además, en lo citado, se puede notar que el lenguaje de Isabel la Negra tiene más fuerza por las imágenes sexuales y el lenguaje crudo, por ejemplo: "hozando debajo de mi sobaco," "enclenque," "meado" y "cagado." Estas frases y palabras son el parámetro que distingue el discurso de las dos mujeres; aunque para un cuidadoso del idioma y lo moral rayan en lo vulgar, especialmente porque salen de boca de una mujer. De esta forma, Ferré se apodera del habla popular para contrastar con el lenguaje minucioso de la mujer de una clase social media alta y por ende destruir "la pasividad, debilidad, impotencia y retraimiento del mundo"[78] que impone la sociedad y la religión a la mujer. Así mismo, el final de cada párrafo citado funciona para clasificar a las mujeres entre los grupos de la sociedad: una es de "alcurnia" y la otra es la "escoria."

El contraste, como práctica discursiva en el cuento, comienza desde los dos epígrafe. El primero es una plena,[79] una clase de música popular de Puerto Rico de la cual Ferré se apodera parafraseando algunas palabras de las líneas:

> la puta [plena] que yo conozco, no es de la china ni del japón, porque la puta [plena] viene de ponce viene del barrio de san antón (26)

Desde este epígrafe se vislumbra que en el cuento se manifestará en su forma y contenido el prototipo de una "escritura rebelde," basado en el hecho de que la autora se atreve a parafrasear la canción sustituyendo palabras claves ("puta" por "plena") y omitiendo reglas ortográficas (no usar mayúscula en nombres propios de países y pueblos). Seguidamente se lee el segundo epígrafe que consiste de una parte de una de las Epístolas de San Pablo, conocida como Epístola del amor:

> conocemos sólo en parte y profetizamos sólo en parte, pero cuando llegue lo perfecto desaparecerá lo parcial, ahora vemos por un espejo y oscuramente, mas entonces veremos cara a cara. (26)

Estos epígrafes no sólo contrastan en su procedencia, música popular y la *Biblia*, sino también en su contenido; los dos juntos funcionan como una síntesis del cuento. De esta forma se puede anticipar el enfrentamiento cara a cara que culmina con el desdoblamiento o fusión violenta de las dos mujeres. Con anterioridad al enfrentamiento, las dos Isabel son como dos caras de una misma moneda; por los dos lados de la moneda se aprecia la diferencia de razas, una es blanca y la otra negra, además de sus posiciones en las clases sociales, una es prostituta y la otra es una señora de la alta sociedad, según se denota en el discurso de Isabel Luberza:

> Me la imaginaba entonces hechizadoramente bella, tan absolutamente negra su piel como la mía era de blanca, su pelo trenzado en una sola trenza, gruesa y tiesa, cayéndole por un lado de la cabeza, cuando yo enredaba la mía, delgada y dúctil como una leontina alrededor de mi cuello. Me imaginaba sus dientes, grandes y fuertes, frotados diariamente con carne de guanábana para blanquearlos, ocultos detrás de sus labios gruesos, reacios a mostrarse si no era en un relámpago de auténtica alegría, y pensaba entonces en los míos, pequeños y transparentes como escamas de peces, asomando sus bordes sobre mis labios en una eterna sonrisa cortés. (41)

Al final del cuento sucede lo ansiado por las mujeres desde hace mucho tiempo: ambas se enfrentan cara a cara y se dan cuenta de que a pesar de las diferencias físicas, sociales y económicas es como mirarse en un espejo, como apunta el epígrafe, pues las dos son víctimas del mismo hombre que posee el poder del dinero. Así, las dos caras de la moneda se funden en una sola cara al reflejarse una y la otra en el espejo. Aunque hay en el reflejo una duplicidad, se cumple con la función de un espejo, que es el reflejar exactamente lo reflejado. En este momento las mujeres sienten un gusto y placer al mirarse y se funden en el encuentro violento.[80] El uso del espejo propuesto en nuestra explicación tiene un propósito positivo y no sigue la teoría feminista del espejo cóncavo expuesta por Luce Irigaray,[81] porque obviamente el espejo cóncavo produce una imagen distorcionada como la imagen que se produce en la cultura masculina, donde lo femenino como tal se reprime y la mujer sólo "subsiste bajo la forma 'aceptable' del reflejo del hombre,"[82] si es que ésta existe. Obviamente en el cuento, las imágenes reflejadas se funden, pero el reflejo que resalta es el de la más fuerte, Isabel La Negra, de la que ha gozado del control de su cuerpo y del poder del lenguaje popular para destruir el lado negativo de ese reflejo como equivalente a la destrucción de la mujer débil. Como la misma Ferré explica, en este cuento "el amor humano de Isabel [La Negra], así como su poder sexual, es la única fuente de vida eterna."[83]

Cuando hablamos de la escritura rebelde producida por las escritoras escogidas para este trabajo, nos referimos al lenguaje atrevido que facilita la presentación de historias, situaciones o hechos que contradicen o en alguna forma presentan una visión paródica de las creencias políticas o religiosas de los puertorriqueños. El uso de intertextos con la intención de crear situaciones paródicas es una de las estrategias literarias que caracteriza a los relatos de Rosario Ferré. Linda Hutcheon define la parodia como un discurso que repite a otro pero con una diferencia crítica. Ella añade que la parodia es una estrategia discursiva que enfatiza más las diferencias textuales que sus similitudes.[84] En 1989 Rosario Ferré publicó un libro de cuentos intitulado *Sonatinas*[85] que hace uso extensivo de esta técnica. Esta colección está dividida en tres partes: "Cuentos maravillosos" donde incluye "Pico Rico Mandorico," muy argumentado por los críticos por el aparente desdoblamiento de las hermanas Alicia y Elisa; "Cuentos picarescos" donde incluye sus famosos cuentos de Juan Bobo, figura folklórica puertorriqueña; y "Fábulas," de las cuales la misma escritora señala en el prólogo de la colección, "Bosquejo de Cuentos," profesar "especial cariño porque tiene un origen muy antiguo, y porque su forma artística me resulta particularmente atrayente" (14). Tanto los cuentos picarescos como las fábulas se recrean en situaciones identificables como puertorriqueñas.

En el grupo de las fábulas llama nuestra atención una en particular, "¿Sin la soga y sin la cabra?" (105), porque proyecta la necesidad que persigue una escritura rebelde de destruir antes de crear. La autora vuelve sus ojos al pasado tomando de la antigüedad una composición literaria para recontextualizar una experiencia femenina, con el fin de revisar aquellos mitos y estereotipos que idealizan a la mujer y subvertir cánones patriarcales que solicitan de la mujer una total sumisión. En este cuento, de forma alegórica y paródica, se reproduce el misterio de la Anunciación. El ángel visita a una mujer, que se caracteriza por ser una asidua lectora de novelas, para anunciarle que será madre. Reproduciremos el texto por su brevedad:

> Estaba María sentada leyendo una buena novela antes de que cantara el gallo, disfrutándose de antemano la pila de libros aún sin leer hacinados frente a ella sobre la mesa, cuando un ángel apareció inesperadamente en la ventana.–No leas más, María, que lo tuyo no es estudiar sino criar muchachos regordetes y saludables–le dijo desperezándose frente a ella las alas de plumas de guacamayo rojo, que se abrieron enormes contra el azul del cielo.–De hecho, pronto has de dar a luz al más gachupín de todos–. María lo miró sorprendida, dejando caer el libro sobre su falda.–¿Quiere eso decir que pronto me casaré? Aunque me duele dejar los libros, al menos tendré un marido que será la envidia de mis vecinas–. El ángel carraspeó algo nervioso y para no tener que mirar a María a los ojos hizo como si se espulgara el ala derecha.–Lo siento, María, pero hay un detalle más. Concebirás sin pecado, impregnada por las palabras que estás escuchando.–¡Ay caray!–dijo la joven–y eso, ¿qué quiere decir? ¿Que me tengo que quedar sin la soga y sin la cabra?[86]

Como anticipación a lo que acontecerá más adelante, en la primera línea, nos enfrentamos a un contexto alegórico de la traición al mencionar el cantar del gallo (basado en la traición de Pedro a Jesús). De una forma burlona-chistosa Ferré hace un contrapunteo entre el texto bíblico y su interpretación de la aceptación de ser madre. En la Anunciación, María, humilde y obediente, dice "Hágase en mí su voluntad." En cambio, en el cuento, la protagonista pregunta en forma de protesta, usando un dicho popular, si ella se va a quedar "sin la soga y sin la cabra," o sea sin nada que la beneficie; y a su vez, el dicho popular se convierte en la enseñanza que debe contener toda fábula. El cuento así se convierte en un contexto paródico que burla las enseñanzas de cómo debe ser una mujer cristiana en contraste con las necesidades sociales. Con esta visión paródica Ferré expone las imposiciones de roles a los que debe someterse la mujer en la sociedad, las cuales destruye en su escritura rebelde, para reconstruirlas desde su visión de mujer.

Otro aspecto alegórico y paródico en el texto es el uso de la palabra "gachupín" para describir al hijo que tendrá la protagonista. Este mote, que sólo se aplica al español que se establece en América, le da un toque social-burlón al cuento. En el contexto puertorriqueño se puede interpretar como que obviamente el hijo nacerá en América pero no será un hijo mestizo, sino que será como se dice en la isla "de pura cepa." De esta forma Ferré expone de una forma soslayada la preocupación de algunas familias pertenecientes a la sociedad media alta puertorriqueña, con énfasis especialmente desde el siglo pasado hasta nuestros días, de no mezclar su sangre española con la de los nativos o negros de la isla.

Por otro lado, la protagonista no sólo debe carecer de un esposo, sino que también renunciará a los estudios. La visita del ángel tiene el propósito de mostrar los poderes de la sociedad: el de imponer roles a la mujer y y destruir aquellos ideales que la ayuden a redescubrirse o realizarse a sí misma. En cuanto a este asunto de la imposición y la desigualdad Ferré ha declarado:

> Es ineludible que mi visión del mundo tenga mucho que ver con la desigualdad que sufre todavía la mujer en nuestra edad moderna. Uno de los problemas que más me preocupa sigue siendo la incapacidad que ha demostrado la sociedad para resolver eficazmente su dilema, los obstáculos que continúa oponiéndole en su lucha por lograrse a sí misma, tanto en su vida privada como en su vida pública. ("La cocina..." 145)

En el cuento, la protagonista supuestamente debería acatar los designios que el ángel le anuncia y que obstaculizarán su deseo de una mejor formación intelectual por medio de los estudios. Obviamente la protagonista responde conforme al enunciado anteriormente citado, al cuestionar los deseos que le impone el ángel. El ángel representa a un sistema patriarcal que impone unos roles a la mujer; mientras que la mujer por el hecho de contestar con una pregunta (la queja aparenta ser muy jocosa) aparece como víctima de un sistema injusto. De esta forma se reitera la victimización de la mujer para convalidar la relación del texto literario con la realidad social.

Ana Lydia Vega también ha sentido la urgencia de descubrir un lenguaje nuevo que la ayude a canalizar sus ideas para desafiar los cánones establecidos. Para lograr sus propósitos de rebelión, Vega se apodera del lenguaje callejero, lo que Ivette López acertadamente llama "ideolecto lumpenizado"[87] por su crudeza y autenticidad, para presentar su visión paródica tanto de la sociedad puertorriqueña como de la retórica oficial. Sobre la obra de Vega argumenta Margarita Fernández Olmos que "Vega examina con un humor mordaz, las distorsiones y contradicciones de los valores tradicionales, al igual que las nuevas formas de la sociedad colonial puertorriqueña" (*Sobre la literatura puertorriqueña...* 13).

En la colección de cuentos compartida con Carmen Lugo Filippi, *Vírgenes y mártires* (1988),[88] Vega retrata la vida de seres marginados o trabajadores ordinarios que componen la mayoría de los centros urbanos en Puerto Rico. Sus personajes femeninos son aquellas mujeres que trabajan para sobrevivir y que como resultado de los cambios socio-económicos se han integrado a la fuerza trabajadora puertorriqueña, y viven en barrios modestos. Sin embargo, estas mujeres gozan de la libertad de la palabra y, especialmente, no tienen ataduras morales que las sometan.

En su cuento "Letra para salsa y tres soneos por encargo," incluído en *Vírgenes y mártires* (81-88), se aprecia una inversión de los roles masculinos y femeninos a través de la conducta de los personajes. Esta inversión cumple con varios propósitos: por un lado, mostrar la liberación de la sexualidad femenina y por otro, dar una lección de moral y cobrar venganza de ciertas acciones del hombre hacia la mujer. Desde el uso de la palabra "encargo" en el título se intuye que el cuento en sí y la lección al sexo masculino son una petición de alguien a la autora. Es como si la autora tuviera la obligación de complacer a ese alguien con este tema en particular, y es su propósito llevar a cabo la ejecución de ese encargo escribiendo el cuento. A su vez, creará un cuento cuyo propósito será el de revisar la situación de la mujer de hoy día y descentralizar al varón de su praxis tradicional de una manera "irreverente".[89]

Para su cuento, Vega no escoge unos nombres específicos para sus personajes, sino que los mantiene en el anonimato al imponerle los apodos de "el Tipo" y "la Tipa," que a su vez le da un sentido universal y vulgar a los personajes. En el cuento, "la Tipa" todos los días debe soportar los piropos groseros de "el Tipo", un joven desempleado que se dedica a piropear a todas las mujeres que pasan por su lado. Un día sorprendentemente la mujer lo invita con un "¿Vamos?" que deja al hombre perturbado. Ella toma todo el control de la situación según lo describe el narrador.

> La Tipa encabeza ahora solemnemente la parada. En el parking de la Plaza del Mercado janguea un Ford Torino rojo metálico del '69. Se montan. Arrancan. La radio aúlla un bolero senil. La Tipa guía con una mano en el volante y otra en la ventana, con un airecito de no querer la cosa. El Tipo se pone a desear violentamente un apartamento de soltero con vista al mar, especie de discoteca-matadero donde procesar ese material prime que le llueve a uno como cupón gratuito de la vida. Pero el desempleo no ceba sueños y el Tipo se flagela por dentro con que si lo llego a saber a tiempo le allano el cuarto a Papo Quisqueya, pana de Ultramona, bródel de billar, cuate de jumas y jevas, perico de altas notas. Dita sea, concluye fatal. Y esgrimiendo su rictus más telenovel, trata de soltar con naturalidad:–Coge pa Piñones. Pero agarrando la carretera de Caguas como si fuera un dorado muslo de Kentucky-fried chicken, la Tipa se apunta otro canasto tácito. (84)

El párrafo citado no solamente muestra el control de la Tipa sobre el joven, sino que se aprecia todo un léxico que identifica al puertorriqueño. El vocabulario empleado en el cuento, con insinuaciones obscenas y el tono humorístico-irónico de la narración, le da un aspecto de vulgaridad a lo narrado y refleja una ruptura con todos los cánones literarios para imponer una escritura rebelde que ha ido estableciendo la estética femenina contemporánea. Por un lado se tienen los anglicismos locales, como "parking", "janguea" (del inglés *hang*), "prime", "bródel" (del inglés *brother*), "telenovel". Por otro lado, la autora escoge un vocablo que usan especialmente los jóvenes (que puede ser que sean adictos a las drogas[90]), específicamente como "el tipo" "la tipa", "allanar" (apoderarse sin consentimiento), "pana" (por amigo), "jumas" (borrachera), "jevas" (mujeres), "perico" (droga). Además, se aprecia un lenguaje figurado para mostrar la conducta de los protagonistas: por ejemplo, el narrador dice "la Tipa encabeza ahora solemnemente la parada" para decir que ella tiene el control de la situación y el Tipo la sigue a ella; más adelante dice que la radio "aúlla un bolero senil" para describir que la radio estaba tocando una antigua canción; el narrador describe la forma en que la protagonista maneja el coche diciendo que ella "guía con una mano en el volante y otra en la ventana," significando esta frase que ella maneja como los hombres, especialmente como aquellos que trabajan en los carros de transporte público de la isla; también, la frase "especie de discoteca-matadero donde procesar ese material prime que le llueve a uno como cupón gratuito" significa que a él le gustaría hacerle el amor a la mujer escuchando música, y la compara con un pedazo de carne de buena calidad que se puede adquirir por medio de los cupones para alimentos que ofrece el gobierno federal a las personas de bajos recursos económicos. La frase "dita sea" es un apócope invertido de "maldita sea". Al final del párrafo se le da la victoria a la mujer con la frase "se apunta otro canasto," escogido de la jerga de los que retransmiten un deporte por la radio o la televisión, para indicar que ella ha tomado el camino que ella selecciona y no el camino que él está acostumbrado a tomar. Las diferencias de los caminos estriba en las diferencias de poderes de los sexos. Se da por entendido en el mundo machista que en una relación amorosa entre un hombre y una mujer, él sea el que invite y pague por los gastos incurridos. El invitar o llevar a una mujer a Piñones (específicamente en Puerto Rico) significa que el acto amoroso se consumirá en el mismo carro, ya sea porque el hombre no puede sufragar los gastos de un motel o porque no considera moralmente a la mujer digna de un tratamiento diferente. Por el contrario, ella saboreando la acción, "como si fuera un dorado muslo de Kentucky-fried chicken," toma la carretera de Caguas para darle a él una lección de cómo se trata a una mujer y humillarlo porque ella sufragará todos los gastos en el motel que ella seleccione.

En este párrafo, entonces, no sólo muestra Vega lo humorístico de la situación, sino que también va marcando un camino hacia la venganza al contrariar ella la conducta habitual del hombre. Al final de esta primera parte se descubre que el hombre sufre de una impotencia sexual y la protagonista en las próximas tres partes siguientes o tres desenlaces sucesivos, llamados Soneos I, II y III, le administra los primeros auxilios; y con una elocuencia planfetaria (copiada de los comunistas cubanos) lo ayuda psicológicamente a tener una relación sexual efectiva de una forma equitativa para ambos sexos. Pero a pesar de la experiencia sufrida por el hombre y de que ella trata de concientizar al hombre sobre la igualdad de los sexos, él no sufre una transformación y continúa con su conducta machista hacia la mujer.

En el cuento, como los otros cuentos tratados, el lenguaje se sobrepone a toda anécdota y es lo que da significado al texto. A su vez el lenguaje funciona para desplazar la ira que siente la mujer por ser marginada, y reemplazarla por un discurso irónico-burlón. El uso de la ironía, que a veces llega a la burla, ha funcionado efectivamente no sólo en los textos escritos por mujeres, sino también en aquellos escritos por hombres como es el caso de Luis Rafael Sánchez, Juan Antonio Ramos y otros. Para Rosario Ferré "la ironía consiste precisamente en el arte de disimular la ira, de atemperar el acero lingüístico para lograr con él un discurso más efectivo,"[91] que permite a su vez el juego de palabras y una complicidad entre el lector y el autor. Además, el uso innovador del lenguaje por las cuentistas tratadas y el escribir desde una perspectiva femenina es un acto de transgresión que ha logrado liberar el silencio impuesto por la sociedad, especialmente cuando se trata de temas sexuales que habían sido considerados tabúes para las féminas.

Magali Garcia Ramis es otra autora que recurre al uso de un lenguaje innovador en juego con las imágenes para destruir mitos y tabúes. En su cuento "Flor de cocuyo"[92] se presenta paralelamente la vida de una estudiante universitaria y una profesora. La voz narrativa usa la segunda persona singular, que se funde a su vez con el personaje, con el fin de crear un discurso introspectivo que le permite al personaje narrador especular sobre su propia conducta.

En el cuento, la joven protagonista es una estudiante universitaria que diariamente observa a una profesora llamada Clotilde en la siguiente situación:

> Y tú la veías bajar del auto amarillo chatarra de su marido y subir las escaleras del edificio de Humanidades, maletín en mano, mientras todos se miraban con malicia en los ojos porque sabían que al dar la vuelta el carro con el marido de Clotilde adentro, se detendría frente a la Biblioteca y allí se montaría la jamoncita bibliotecaria flaca (quien lo hubiera dicho), mosquita muerta (del agua mansa líbreme Dios) y no volverían hasta dos horas más tarde todos los lunes, miércoles y viernes mientras Clotilde daba sus dos clases matutinas... (123)

Esta joven universitaria es la voz narradora quien se enfrasca en un monólogo interior. Se produce un desdoblamiento en la voz narradora que habla y a su vez escucha con el fin de incriminarse y delatar que ella también está actuando como la bibliotecaria, tal vez ella misma es la bibliotecaria. Según el relato, durante algunos días la protagonista-narradora sale con un hombre con quien tiene relaciones ilícitas. Ella conoció al hombre, llamado Luis, un día cuando iba a almorzar y él le tiró el piropo grosero "adiós flor de ajo y si no me miras, vete pal carajo" (125). En este momento ella rió a carcajadas y no mostró resentimiento por las palabras poco halagadoras; más tarde accede a sus reclamos amorosos. Por su dedicación a la observación diaria de la profesora, la narradora se da cuenta de que ellas, la narradora y la profesora, son abusadas y usadas. En una ocasión la voz narrativa pregunta mentalmente a Clotilde "¿cómo puedes dejar que te usen?," (125) para contestarse:

> y sabías que te lo gritabas a ti misma por lo que ibas a ser, o por lo que eras en ese momento. Tu seminario de historia y tu seminario de idiomas y tu curso de lectura

> independiente tomaron forma de Luis 122 y Luis 305 y Luis 465 que era el número de curso más alto que conocías y se lo pusiste de nombre porque esa hora extra con Luis era cosa de otro mundo. (125)

Todo el discurso funciona como una auto-evaluación de su conducta donde las imágenes predominan sobre la acción. Por medio de estas imágenes la protagonista hace un análisis retrospectivo de su conducta para recrear las situaciones que a la vez hacen comprender al lector la trama del cuento. Las imágenes funcionan, conjuntamente con el lenguaje, para presentar la libertad sexual de la protagonista. La narradora y protagonista, por medio de su discurso en segunda persona, se observa a sí misma y relata cómo durante un semestre completo ella se entrega a Luis, y un día se describe desnuda con su amante, a las nueve de la mañana, tomando vino y ese día no pudo asistir a clase por estar embriagada; durante otro semestre él la recogía a las ocho de la mañana, iban a su apartamento para estar juntos sólo por un rato (125). La libertad sexual de la protagonista es consciente con el fin de transgredir las reglas de la sociedad, representadas aquí en la figura del padre. El padre es el único que le cuestiona su horario de clases y el único que le pide explicaciones, pero ella se evade muy bien de la situación contestando con "suavidad y precisión que imitaba de los profesores" (124). En el cuento anterior de Vega la ironía reemplaza la ira, y en este cuento de Garcia Ramis la ironía reemplaza el miedo.

Además, las imágenes funcionan como conductos a través de los cuales ella puede tomar conciencia de su yo y percibir que ella terminará algún día en la posición de Clotilde. Como las protagonistas de Ferré y de Vega, ella se mira en el espejo para poder apreciar una imagen que refleja lo que será su propio futuro, una Clotilde con "suéter fusha, falda blanca bien apretada y masitas que le saltaban por todos lados, Clotilde era gordita, ¡ay como era gorda Clotilde!" (123), lo que la lleva a meditar cómo evitarlo.

> Entonces [después de estar con su amante] recordabas que tú tenías que aprovechar tus años de estudiante porque ibas a ser una profesional y corrías de vuelta al edificio de Humanidades, Universidad de Puerto Rico, Campus de Río Piedras a eso de la una, cuando se estaba yendo Clotilde y se le meneaban sus masitas al bajar las escaleras cargando su maletín en una mano y en el resto de su cuerpo su vida a medias. (130)

Este sistema de analogía contribuirá a que la narradora, al observar una experiencia vivida por otra mujer, aproveche la oportunidad de revisar su vida pasada y presente para que tome conciencia de su situación. Todo este proceso la llevará a adoptar medidas preventivas para el futuro.

Por otro lado, el lenguaje funciona también como ente liberador ya que las palabras del hombre en sus piropos groseros no causan humillación o reprobación de parte de la protagonista y no se observa en su tono el papel de víctima, sino que la hacen meditar en su futuro y desear ver toda la situación como una lección aplicable para superarse; en otras palabras, ella busca su "autenticidad". Para lograr su "autenticidad" ella sabe que debe lograr unas metas; tiene que "reinventarse"[93] para que cuando se mire en su espejo no vea a una Clotilde, sino que vea a su propio yo transformado.

Del lenguaje usado por las escritoras tratadas se infiere que ellas han preferido el lenguaje de mujeres jóvenes salpicado con un poco de rebeldía y con un léxico muy realista, para poder exponer el tema de la emancipación a la que aspira la mujer contemporánea. Así, la orientación de la escritura es obvia, enviar un mensaje irónico-chistoso rechazando el uso de unos recursos estilísticos establecidos que la lleve a evitar, ante todo, un discurso serio o adoctrinador.

La búsqueda de la autenticidad por medio de la emancipación lo presenta muy adecuadamente la cuentista Carmen Lugo Filippi, a través de la escritura rebelde, en su cuento "Milagros, calle Mercurio,"[94] en el cual hay dos historias simultáneas de dos personajes femeninos. Una es la historia de la narradora, Marina, quien es peluquera, está divorciada y como característica inherente a su trabajo conoce la vida de las mujeres del barrio donde tiene su negocio. En su relato se interpolan la primera y la segunda persona. La primera persona le atribuye cualidades biográficas y la segunda persona funciona para dirigir su discurso hacia ella misma para recalcar la nota recriminatoria que le da fuerza al discurso. Mientras estuvo empleada en un salón de belleza ella se consideraba diferente a las demás mujeres del barrio y a sus compañeras de trabajo porque había estudiado literatura en la universidad y había viajado al exterior. Según la narradora este hecho le "ortogaba la supremacía entre las diez ayudantes" (27) del dueño del establecimiento, lo que creó "resentimientos" entre ella y las demás empleadas. Pero según ella cuenta, nunca terminó sus estudios universitarios porque cuando conoció al que iba a ser su marido lo dejó todo para casarse y se mudó a España. Con el tiempo se arrepiente de su matrimonio, se divorcia, regresa a la isla y es cuando decide matricularse en unos cursos de estilismo. Comienza a trabajar en un salón de belleza y luego monta su propio salón. El hecho de poder administrar su propio negocio crea en ella cierta seguridad económica e independencia, aunque no ve sus sueños realizados en su totalidad.

El otro personaje es una niña llamada Milagros, quien se despoja de las creencias religiosas impuestas por su madre para dedicarse a la prostitución. Marina, el personaje adulto y narrador, es la que presenta la niña al lector, y por la que parece tener una obseción. Este comportamiento se aprecia en la contemplación diaria que Marina se impone cuando la niña pasa hacia la escuela o hacia la iglesia con su madre; ella señala que "contemplarla, suscitaba en mí un extraño fenómeno de correspondencias" (30). Para Luz María Umpierre, el uso de la palabra "correspondencia" clasifica al cuento como uno de incitaciones lesbianas, pues Marina, el personaje principal, "se atreve a confesar cierta atracción hacia Milagros."[95] Sin embargo, Magali Garcia Ramis en su estudio sobre este mismo cuento no observa una conducta lesbiana en el personaje de Marina, ni siquiera trata este asunto.[96] En nuestro caso en particular, no observamos una conducta lesbiana en Marina. Mas, compartimos la opinión de Umpierre de que en la literatura puertorriqueña no hay un texto narrativo que trate abiertamente del tema del lesbianismo, aunque, como señala Biruté Ciplijauskaité, este tema "ocupa hoy un lugar importante en la novela femenina" (167) en general, como sucede en algunos textos estadounidenses y españoles.[97] Muchos recogen la problemática del amor entre mujeres y ejemplifican la escritura rebelde por su desafío a la sociedad y especialmente a la iglesia. La escritora puertorriqueña también ha desafiado, a través de una ironía-burlona, a la sociedad y a la iglesia, pero como bien señala Umpierre no ha expuesto el tema del lesbianismo abiertamente. La escritora y crítica excusa esta ausencia al miedo que siente la escritora puertorriqueña de ser catalogada como lesbiana y a las consecuencias que tendría que afrontar por parte de la crítica literaria heterosexista ("Incitaciones lesbianas..." 309). Por otro lado, no concordamos con la opinión de Umpierre en el caso de este cuento en particular, ni con la opinión de Magali Garcia Ramis, quien opina que a la niña liberarse de la religión y convertirse en una prostituta, inevitablemente "la convierte en una esclava."[98] Es cierto que Marina muestra una obsesión hacia la niña y observa ciertas "correspondencias," y la elección de la niña para su conversión no es la más justificable; pero, en nuestra opinión, el motivo que mueve a Marina a observar y sentir ciertas correspondencias entre ella y la niña es más bien su identificación directa con la niña. Ella pudo ver en la niña un comportamiento ideal en su rebeldía, pues Marina, por el contrario, no supo decir no al matrimonio y el miedo a quedarse "solterona" la indujo a creer las promesas de "villas y castillas" (28) que el esposo le presentó cuando la enamoró. Para las autoras de hoy el matrimonio no es admisible como fin de un desarrollo libre de la mujer como se veía en tiempos pasados; más bien, según apunta Ciplijauskaité, "el matrimonio sólo abre nuevas indagaciones en la experiencia incesante de la maduración" (167). En el caso de Marina, el matrimonio le obstaculizó sus deseos de proyectarse como mujer escritora y artista, pero esa experiencia negativa la llevó a buscar otros caminos con el fin de superarse, aunque nunca logró sus sueños pasados.

Al final del cuento Milagros, la niña, visita a Marina en su salón de belleza y tenemos la siguiente escena:

> ¿Qué deseas, Milagros?, casi susurras, incapaz de mirarla de frente, aunque siempre observando en el espejo. Ella entonces da un paso decidido y saca del bolsillo derecho de su pantalón un flamante billete de veinte, billete que blande, airosa, y con tono suave, pero firme, hace su reclamo: "Maquíllame en shocking red, Marina, y córtame como te dé la gana". Un temblequeo, apenas perceptible, comienza a apoderarse de tus rodillas, pero aun así no logras apartar los ojos del espejo donde la Milagros se agranda, asume dimensiones colosales, viene hacia ti, sí, viene hacia ti en busca de una respuesta, de esa respuesta que ella urge y que tendrás que dar, no puedes aplazarla, Marina, mírate y mírala, Marina, ¿qué responderás? (38)

En la escena las dos mujeres, al enfrentarse, se comportan de maneras extremadamente diferentes: Marina, la mujer adulta cuyo comportamiento es de perplejidad, de extrañeza, incapacidad de mirar, de temblequeo; y Milagros, cuyo comportamiento es seguro, con decisión, airoso, con firmeza. Estos comportamientos se han invertido porque en sus primeros encuentros la adulta era la que tenía el control cuando le recomendaba que se cortara el cabello, le daba revistas de modas y consejos de belleza; y la niña parecía asustada, tímida, tanto, que Marina pensó que podía ser un caso de retraso mental (33). Los consejos de Marina eran opuestos a los consejos de la madre y de la iglesia a la que pertenecía Milagros. Su religión le dictaba que no podía cortarse el cabello, ni podía usar pantalones y menos maquillarse, entre algunas de la leyes creadas y aplicadas por los hombres para controlar exclusivamente la conducta de las mujeres del grupo religioso. En el salón de Marina, Milagros encuentra el camino hacia la liberación de la iglesia y de la madre, y al final toma una decisión de manera firme, sin titubeos. Desde el primer encuentro de Marina con la niña y según la iba observando, Marina ve en ella a su propia figura, vuelven a ella sus ideales pasados, como "el cine, literatura, pintura, música se aunaban desordenadamente" (30). Desde muy joven Marina deseaba triunfar en una carrera literaria y artística y según ella "todos aseguraban que tenía mucho talento" (28), pero el triunfo nunca estuvo a su alcance ni física ni espiritualmente. Por otro lado, es a Marina a quien le corresponde emancipar a la niña, pero ella no goza de la seguridad necesaria en sí misma y al final actúa con titubeos. En su espejo, Marina, usando la segunda persona, se dice "mírate y mírala, Marina, ¿qué responderás?" para interrogarse a sí misma. Ahora ella tiene que decidir si desea liberar a la niña y si a la vez desea liberarse a sí misma. Entre las mujeres hay analogías y equivalencias, y le corresponde a Marina deshacer las ataduras negativas (maquillando y cortando el cabello a la niña) que estabilizan las jerarquías en la sociedad y en la iglesia.

La liberación o emancipación deseada por Marina y Milagros (que es el liberarse de la tutela de la sociedad, tanto de la madre como de la iglesia) nos la presenta la autora desde el comienzo del cuento, en el epígrafe. Este es un verso del poeta Evaristo Ribera Chevremont, que reza "Ha muerto la blanca Caperucita Roja," el cual anticipa la evolución que sufrirán los personajes, especialmente la niña Milagros, infiriéndose que debe desahacerse de su niñez-inocencia para convertirse en mujer. Por este sentido liberador no podemos apoyar la tesis de Garcia Ramis en cuanto a la "esclavitud" a que se somete la niña, ya que ella elige por voluntad propia lo que desea hacer con su vida y cuando ella se mira en su espejo, le agrada su figura de mujer liberada.

Por otro lado, no participamos de la observación de Umpierre que como "lectora lesbiana" identifica el texto como uno de incitación lesbiana o inspirador de deseos sexuales, porque, en nuestra opinión, no hay entre las mujeres una "correspondencia" patente sexual, sino que identificamos a Marina como el instrumento liberador–de mujer a mujer–que transformará a la niña en mujer; y a su vez la niña es el espejo en donde la adulta debe mirarse si desea liberarse de sus prejuicios y miedos. Más bien, las mujeres se necesitan para complementarse, que es el propósito y mensaje que persigue la escritura rebelde creada por mujeres.

Con este mismo análisis observamos los personajes del cuento de Rosario Ferré, "Pico Rico Mandorico" en *Sonatinas*. Las hermanas Alicia y Elisa, quienes nacen tan juntas que la comadrona "tuvo que desenredarlas con mucho cuidado, porque venían abrazadas una a la otra como las dos mitades de una misma concha" (22), se necesitan para sobrevivir y para, según consejo de la madre, nunca les sucediera una desgracia (22). Según Umpierre este cuento es el que más se acerca a la realización de un cuento con "personajes lesbianos" ("Incitaciones..." 310). Legalmente el amor sexual entre hermanas biológicas es clasificable como una relación incestuosa, como es el caso del amor sexual entre un hermano y una hermana.

Tal vez puede este cuento ser ejemplo, que presumimos que es la idea que desea captar Umpierre, de cómo debe ser el amor lesbiano y de la compenetración que simbólica o alegóricamente puede sentirse en una relación amorosa-sexual entre mujeres por la afinidad de sexos y por la forma que una de las hermanas comienza a "lamer" a la otra para poder salvarse (30); pero no se puede postular que entre las hermanas de este cuento hay una relación lesbiana. Si clasificamos dichos cuentos como representativos del amor sexual entre mujeres, indudablemente a la literatura escrita por las puertorriqueñas se le añadiría un aspecto innovador tanto en el contenido como en la forma de expresión.

Ciertamente es irónico que la mujer, al liberarse de la sociedad y la iglesia, se convierta en algo relegado y además rechazado por esas mismas instituciones. Magali Garcia Ramis, en su papel de crítica y al estudiar las otras autoras que en este capítulo hemos examinado, señala que a ellas las une el uso de la ironía para criticar cómo las mujeres, para llevar una vida tranquila en la sociedad puertorriqueña, han tenido que adherirse a situaciones sociales, políticas y culturales arcaicas, injustas e injustificables.[99] El uso de la ironía en la cuentística, específicamente hablando de la escritora puertorriqueña, les ha valido para identificarse con las otras mujeres puertorriqueñas y señalar aquellos sujetos que la atan a unos cánones arcaicos y viciados.

Otro elemento controvertido en el cuento de Filippi es la escena erótica en un burdel donde las mujeres, entre ellas Milagros, bailan desnudas ante un grupo de viejos profesionales, jueces, políticos y hombres de negocios que "se tapan con la política y el dinero" (38). Llega la policía y las mujeres son arrestadas. La explicación de lo que pasa antes y después de la activación de la policía está contada por una narración intercalada, entre comillas, por una narradora llamada doña Fina, quien hace un recuento de lo que el policía, su sobrino Rada, le contó; de esta forma el relato tiene alguna credibilidad, pues aunque está contado por una segunda persona, ésta lo recoge de alguien que sí presenció y participó en los acontecimientos. Durante esta escena erótica resalta un truco literario de la autora al decidir que Marina, en su voz de segunda persona, interrumpa el discurso de doña Fina e imagine toda la producción artística-sexual que se lleva a cabo en el burdel.

> Y mientras doña Fina, ya incontenible, recuenta la escena, vas recreando, Marina, cada detalle, fascinada ante el abismal mundo que en ese instante cobra forma, dejándote arrastrar por la felicidad con que se dibuja y desdibujan las imágenes sugeridas, vértigo visual que te obliga a reclinarte sobre el quenepo para así poder

> mantener la secuencia del tropel de escenas y cortes que transcurren ininterrumpidamente. (36)

De aquí en adelante Marina es la que describe toda la escena erótica que contiene el cuento, "fascinada ante el abismal mundo que en ese instante cobra forma" (36). La narradora lo presencia como un ritual que la induce a usar palabras que corresponden a un léxico religioso, como "improvisado altar," y "aquellos acólitos sexagenarios" para describir el lugar y a las personas que presenciaban el acto en el burdel. Tanto el lenguaje como la escena erótica se contraponen y contrastan con una escena religiosa que Marina presenció por curiosidad y en donde la madre de Milagros "se transformaba" al cantar a gritos unas "Aleluyas y Glorias." Sin embargo, Milagros sólo contemplaba el espectáculo.

Para Luz María Umpierre, en su lectura "homocrítica,"[100] "Milagros hace su actuación del desnudo para Marina, pero para hacer mención de este acto erótico-lesbiano, el texto ha establecido una doble distancia mediante la segunda voz narrativa donde Marina crea la fantasía de lo que ve Rada" ("Incitaciones... 314). Quiere decir Umpierre que la autora, Filippi, por miedo a expresar una escena erótica, reviste dicha escena con "unas tapas de azúcar" para que sea aceptable, alejando a la narradora principal de la escena. No estamos convencidos de que esta sea la única razón que tenga Filippi para revestir la escena utilizando la voz de la segunda persona, que también se identifica con Marina, sino que comprendemos que Marina ve en los actos eróticos de Milagros una conducta deseada y oprimida por mucho tiempo en su subconsciente y un logro que ella nunca, por sus convicciones morales, alcanzaría. De esta forma toda la recreación de la escena es posible sólo en su mundo interior, sin demostrar a la persona que de verdad contó la escena, Doña Fini, que ella puede imaginarse los actos eróticos del burdel. De lo que sí no hay duda es que la autora debe revestir el discurso que emitirá doña Fini porque ella representa lo arcaico, a los moralistas, llena de prejuicios y escrúpulos. Al comienzo de su discurso ella quiere contar la escena pero siente pudor al transcribir las palabras usadas por los otros personajes.

> ¡La que se folmó, Marinita, la de San Quintín, fíjate que los gritos se oían hasta la Calle Reina, yo no me imaginaba cuánta mala palabra sabía doña Luisa [la madre de Milagros] polque de puta pa bajo le espetó una salta de palabras sucias... Me da vergüenza, nena, repetirlas, ¡Hasta hija de Satanás la llamó! (35)

Con mucha efectividad funciona este discurso que le da oportunidad a la autora de atribuir la escena a la voz de Marina, una mujer joven que se identifica mejor con un discurso erótico cuando de escritura rebelde se trata.

Por otro lado, la escena mencionada, que es bastante gráfica, no tiene el propósito de excitar la imaginación del lector, ni siquiera se exige una participación activa, que es una de las características de la producción erótica-sexual de las escritoras contemporáneas.[101] Más bien, la autora las utiliza para transmitir el mensaje deseado a través de las viviencias de unas mujeres que han sido manipuladas por la sociedad en que conviven, así como por la religión. Con este cuento, Filippi se ha unido al grupo de escritoras puertorriqueñas que por medio del desarrollo completo de unos personajes femeninos, un lenguaje nuevo y una imaginación agresiva, han podido expresar libremente por medio del lenguaje escrito su arte literario.

El último cuento que deseamos discutir en este capítulo es una síntesis de los enunciados sobre lo que es una escritura rebelde donde se subvierte y desmitifica toda estructura y cánones existentes con el fin de destruir las jerarquías tanto sociales como lingüísticas. En la colección *Vírgenes y mártires* se incluye el cuento "Cuatro selecciones por una peseta (Bolero a dos voces para machos en pena, una sentida interpretación del dúo Scaldada-Cuervo,"[102] escrito por ambas autoras, Carmen Lugo Filippi y Ana Lydia Vega (o Scaldada y Cuervo, como ellas se autodenominan). La primera transgresión de los convencionalismos por las autoras es el hecho mismo de una autoría compartida. Por lo general, el acto de escribir es una acción solitaria; pero, por el contrario, la creación de este cuento es una acción colectiva. Con esta escritura en cooperación se divisa el acercamiento y la compenetración de que gozan las mujeres escritoras contemporáneas.

En este cuento, "Cuatro selecciones...," lo relevante y atractivo es que los personajes femeninos están ausentes, pero se palpa su presencia a través de toda la trama porque todo el diálogo entre los personajes masculinos se desarrolla alrededor de la figura de la mujer. Desde el título del cuento, conjuntamente con el epígrafe, "Así son, así son, así son las mujeres..." (129), recogido de una canción popular, comienza el lenguaje como instrumento propulsor del tono burlón que culmina parodiando al "macho en pena." Durante todo el cuento, los personajes masculinos, que mantienen un diálogo entre sí y funcionan a la vez como narradores, están hablando en forma despectiva y despechada de sus mujeres (entendiéndose las esposas o amantes) mientras están reunidos en un bar. Se destacan tres historias entre los narradores; con una misma visión masculina. Para ellos, y bajo sus borracheras, sólo existen dos niveles femeninos; por un lado, en un primer nivel y especial está la madre, quien no se puede comparar con otra mujer. En las primeras líneas y cuando se comienza a presentar la primera historia, el mesero del bar afirma: "La madre, brodel, no hay más ná" (129); inmediatamente Jaramillo entendiéndose que ya él había expuesto el tema de las mujeres antes del comienzo del texto escrito (que como las obras dramáticas se empieza *in medias res*) añade que "a Cambucha, como quién dice, la encontré en la calle" (129), ubicando a su esposa en otro nivel secundario y de inferioridad a la madre. Según él cuenta con lágrimas en los ojos, ella se fue y lo abandonó; la esposa se portó muy bien los primeros meses de casados, pero luego surge un cambio en su comportamiento.

> Cambucha siempre me tenía comía caliente cuando yo llegaba del billal. Aunque a veces eran polquerías de lata polque bastante que se le quemaban las habichuelas cuando se espaceaba planchando en la sala. Me le echaba almidón a las camisas, eso a mí me gufeaba. Y la casa estaba siempre recogía. Me añoñaba, me buscaba la vuelta, me tenía lo mío siempre redi. La veldá es que se portó nice los primeros tiempos y aunque yo tuviera mis bretecillos con otras jevas, polque uno tampoco pue tiralse a mondongo, ella siempre era La Oficial. Pero cuando empecé a dalme cuenta e la clase e mujel que era fue cuando Mamá se puso mala y yo me la traje a vivil con nosotros. (130)

La llegada de la madre de Jaramillo le duplicó el trabajo casero a Cambucha y su disgusto acrecentó unas discusiones y peleas entre los esposos. El día anterior antes de que Cambocha abandonase a Jaramillo, había ido al mercado a buscarle un antojito a su suegra; pero Jaramillo no cree en la explicación y según él mismo cuenta "le solté una gaznatá" porque le había prohibido que saliera de la casa. Al final Jaramillo afirma que lo mejor que hizo Cambucha fue irse de la casa porque "yo hubiera cogío con gusto unas vacaciones en el Monoloro por arreglarle el jocico a esa bandolera" (131). En otras palabras, Jaramillo estaba dispuesto a golpearla o matarla y como consecuencia ir a la cárcel. Este relato termina con las palabras de consuelo del mesero, "la que se va no hace falta, mi hermano" (131). Conviene señalar que, según Biruté Ciplijauskaité, en la novela española de escritoras contemporáneas un tópico muy frecuente es la falta de amor por parte de la madre hacia las hijas.[100] En este cuento, aunque se presenta la existencia del amor maternal y existe cierta veneración por esta figura (ciertamente desde el punto de vista masculino), éste no es el más sano porque rivaliza y compite con la misma mujer; en cierta forma hay unos paralelismos con las madres de las novelas españolas. Nuestras autoras, de forma indirecta, cumplen con la finalidad de alarmar a las mujeres ante los conflictos que el hombre crea entre las mismas mujeres; y lo hacen de un modo cínico que funciona muy bien en la creación de una escritura rebelde.

La segunda historia es contada por Monchín, quien al igual que Jaramillo está sufriendo porque su mujer se fue de la casa. Monchín comienza su relato arremetiendo y maldiciendo a "las primarias, el tronquismo y las mujeres" (133). Según va hablando su tono de voz sube, su coraje se acrecenta y su discurso se torna agresivo.

> Maldita sean las mujeres, malrayo las palta a toas y me cago en el día que la dejé ilse a trabajal, me lo debí habel coltao ese día, tan pendejo, coño, creyendo que la muy sucia era feliz conmigo.(133)

Para Monchín, el cambio de Anita, su esposa, surge cuando ella ingresa en las filas de la unión laboral de la fábrica donde estaba trabajando. Ella participa en las protestas y huelgas, y esta conducta, según Monchín, la convierte en "piqueteadora profesional" (134). Monchín trata de persuadirla de que no debe participar en estas actividades:

> Yo la aconsejé, le dije que no se metiera en política polque a mí eso me huelía a comunismo, que la mujel era de la cocina y no debía metelse en asuntos de hombre, que bastante tenía ella con lleval la casa y atendelme. (134)

Inmediatamente Monchín se lamenta de que su esposa le cambia las cerraduras a las puertas de la casa, busca un abogado y ejecuta una demanda de divorcio. Toda esta acción de la esposa se debe a que Monchín, según él mismo cuenta, le dio "una tanda e bofetás calle que pa qué te cuento" (134).

En este discurso se deja ver la agresividad del narrador y el transcribir por parte de la autora un lenguaje crudo y no censurado en los círculos masculinos, le da fuerza y credibilidad al relato; además, con el uso de un lenguaje callejero y crudo en la voz del hombre las autoras se proponen denunciar la condición de la mujer maltratada por su pareja y por el sistema, que es uno de los fines de la escritura rebelde.

La última historia es contada por Puruco, quien entre autoalabanzas cuenta cómo era su mujer. Según Puruco, después de trabajar él llegaba a la casa, y con él los amigos, para que su esposa les cocinara, atendiera y sirviera. Su forma de contar tiene un tono inocente y humilde y el narrador se presenta como víctima; además, su historia es respaldada por sus amigos.

> Yo le pedía poca cosa. Que cuando me apareciera a las seis de la talde, después de habelme pasao el día congelao como un tividínel, no me pusiera mala cara si llegaba con ustedes. Que me los atendiera como lo que ustedes son: mis hermanos

> del alma. Que me les silviera su celvecita, que me les preparara algo pa pical, unas salchichitas Savoy, unos platanutres, cualquiel zanganá. Que echara otra fóquin taza de arroz y otra de habichuelas pa ustedes y que friera tres fóquin bistés más... To el mundo sabe que yo no soy hombre de andal pol la calle hasta las tantas ni de buscalme chivos pol la izquierda. Yo me traigo las panas pa mi casa y me entretengo allí sanamente jugando dominó y hablando e baloncesto sin necesidad de meterme en bares ni de andal por ahí buscando lo que no se me ha peldío. (136)

Como se puede apreciar en los tres discursos citados, los hombres exponen sus historias sin la intención de excusarse por sus conductas, sino que, y en tono quejoso, reprochan la conducta de las esposas. Los demás hombres que escuchan las historias concuerdan con los narradores.

Durante el discurso de los hombres se intercalan canciones populares. Las letras de las canciones son de fácil reconocimiento para un hispanoparlante y son canciones que por lo general las escuchan los hombres en los bares cuando están ebrios. Por ejemplo, se comienza con un merengue muy popular de la República Dominicana que dice: "Esso te passa pol trael amigo a tu cassa" (131); la salsa puertorriqueña "qué buena son las mujeres, qué buena son cuando quieren" (132); la ranchera mexicana, distinguiéndose por el arrastre y exageración de la pronunciación de la consonante "r" como característica propia, la canción "Miraaa como ando, mujerrr por tu quererrr" (132); y se cierra el cuento con la petición de un tango argentino por el mozo, tonada que se relaciona con la vida bohemia y solitaria. Estas tonadas, por otra parte, son las cuatro selecciones que las autoras obsequian cínicamente a los "machos en penas" por una peseta (o veinticinco centavos del dólar) según el título del cuento. También, y específicamente, estas canciones funcionan como *Leitmotiv* para caracterizar y acentuar la conducta de las mujeres y apoyar la situación de los hombres.

En este cuento, el lenguaje, conjuntamente con el marco narrativo, funcionan para codificar una conducta ambigua en los narradores y sus interlocutores. Los hombres cuentan con palabras de desprecio su reacción hacia las mujeres y en el tono de las voces se nota la tristeza del fracaso; pues a pesar de la música y la bebida, según el narrador omnisciente, los interlocutores tienen "caras de velorio" y el mozo escuchaba de pie la historia "como un himno nacional" (131). Al mismo tiempo, quieren demostrar su hombría ante los amigos y mostrarles que no les importa el abandono de las mujeres.

El ambiente, los dichos populares, una dicción pobre y el uso de un léxico específico, así como el uso degenerado de anglicismos, como por ejemplo, "redi" por *ready*, "nice" por querer decir que la mujer se portaba bien con él, "tividínel" por *TVDinner,* "fóquin" por *fucking,* en las voces de los narradores, señalan unas características peculiares del puertorriqueño. Por otro lado, el tono narrativo de los hombres es muy serio, pero estos detalles le adjudican un tono muy jocoso al cuento, restándoles credibilidad. El lector se contagia de este tono jocoso y parece que observa a las autoras, con sus mentes maliciosas, riéndose a las espaldas de sus personajes masculinos en esta parodia al hombre que quiere mostrarse como responsable y bueno. Al igual que en los personajes, se puede observar una conducta ambigua en las autoras, pues Vega y Filippi se apropian del discurso masculino, al usar las voces de los hombres y adentrarse en las condiciones anímicas de éstos, para codificar unas experiencias femeninas. Las voces femeninas silenciadas acentúan y reafirman la situación de unas mujeres abusadas por sus esposos, y en contraste, el silencio las hace más presentes. La idea de las autoras al presentar unos personajes femeninos silenciados funciona como una forma de romper el silencio impuesto directa e indirectamente; los personajes femeninos se expresan a través del silencio y con su silencio postergan al hombre, representando una victoria para la mujer.

En el cuento, el lenguaje cumple una función principal muy significativa. Amparado en la parodia, funciona para proyectar la intención de las autoras de destruir unas jerarquías sociales y morales y deshacer a la vez el discurso escrito y lingüístico establecido. Este acceso al lenguaje faculta a las autoras a crear una forma de escritura que esté más de acuerdo a sus necesidades de contar desde una visión femenina. Esta forma de escritura crea, según Rosario Ferré afirma al hablar de la escritura femenina, "una literatura que es más subversiva que la de los hombres, porque a menudo se atreve a bucear en zonas prohibidas,"[104] que en ocasiones se aproxima a lo paródico, la burla o lo irracional aparente.

Lo importante e interesante de los cuentos de las autoras consideradas, Ferré, Garcia Ramis, Vega y Filippi es que, sin proponérselo tal vez, siguen al llamado que Hèléne Cixous dirige a las escritoras cuando expresa "women should break out of the snare of silence".[105] Indudablemente las mujeres escritoras se han propuesto destruir "la trampa del silencio," algunas con ira, otras sin resentimiento, valiéndose de la ironía y la burla, a través de la presentación de temas innovadores, y especialmente en la creación o recreación de personajes femeninos que han permitido representar a la mujer para la mujer. Estos personajes femeninos deben de servir de espejos para que la mujer se mire y se valore a sí misma y su reflejo debe ser de tal naturaleza que revele su autenticidad. Asimismo, la persistencia en la escritura por parte de las autoras contemporáneas les ha valido para, de una forma u otra, rechazar aquellas estructuras existentes que las amarraban a unos cánones determinados. Ellas se han ganado el derecho a una expresión libre por medio de un lenguaje propio que nace del inconformismo, la ira, la violencia, y cuyo producto es una escritura rebelde. Efectivamente, la apropiación de una escritura rebelde tiene como consecuencia el acceso al poder creativo de la palabra, cuya culminación es la aceptación en todos los círculos literarios de una estética femenina literaria, que a su vez se convierte en un legado para todas las escritoras de generaciones futuras.

CINCO
La función del personaje femenino en la cuentística femenina puertorriqueña del posboom

En los capítulos anteriores se ha ilustrado la trayectoria del personaje femenino en la cuentística puertorriqueña; y esa travesía que estos personajes femeninos han transitado se vislumbra como un camino factible para que las escritoras contemporáneas desanollen un "estilo femenino." La adquisición de una escritura definida y su presentación a través de unos personajes femeninos en los textos escogidos, que en algunos casos son ejemplos pioneros, reflejan las experiencias de la mujer en este mundo moderno y un logro de las escritoras al poder definir la autenticidad del signo mujer en la corriente literaria.

Con respecto a la escritora puertorriqueña en concreto, es grato señalar que ellas han contribuído a la renovación de las letras puertorriqueñas al incorporar una serie de temas feminocéntricos, que presentan a la mujer desde el punto de vista de la mujer. Ellas se han unido a otras escritoras hispanoamericanas que han logrado, a través del uso de la técnica de la subversión, revolucionar los cánones predominantes y crear aperturas a un nuevo orden jerárquico. El acercamiento de la escritora puertorriqueña a la corriente literaria femenina ha contribuído además a que se le reconozca dentro del ámbito de la generación denominada como posboom.

Desde principios de los años 80 algunos escritores jóvenes se han considerado ellos mismos como un grupo que por sus características peculiares pertenecen a una generación muy aparte de la generación que se llamó el "boom." Esto no significa que los escritores anteriores a este año y pertenecientes al "boom" se hayan retirado de su vida literaria; por el contrario, y de acuerdo a Donald Shaw "writers of the stature of García Márquez, Vargas Llosa and Donoso continued to develop and to write with originality in their later work, incorporating fresh aspects of reality, different tones and new aspects of fictional technique into their works."[106] El caso del chileno José Donoso resalta como uno muy peculiar porque él luchó por pertenecer al "boom" y luego él mismo reafirma la desintegración del "boom" en su libro *Historia personal del "Boom,"* en 1985. Donoso vislumbró que nuevos jóvenes escritores se movían hacia otra dirección y se une a ellos. Según Philip Swanson, este oportuno desplazamiento de Donoso se aprecia en su "semi- or quasi-autobiographical novel" *El jardín de al lado* (1981).[107] Para Swanson, la inversión estructural más notada en la ficción de Donoso se caracteriza por tres puntos sobresalientes: "a greater sense of calm, a return to less complex forms, and a pattern of internal rather than external subversion."[108]

Estas características que aplica Swanson a la ficción de Donoso no se apartan de las directrices que han propuesto los escritores jóvenes o *novísimos* al clasificar a la generación denominada por ellos mismos como "posboom". Dos escritores contemporáneos, el argentino Mempo Giardinelli[109] y el chileno Antonio Skármeta,[110] han publicado artículos críticos literarios donde postulan ciertas hipótesis o posibles características que identifican a esta nueva generación y que son un impulso para la incursión en el estudio de esta *novísima* producción literaria.

Ambos escritores, Giardinelli y Skármeta, concuerdan en muchos de sus puntos de vista, pero es Skármeta el más certero al tratar de exponer unas diferencias entre la escritura del "boom" y el posboom. Skármeta reconoce que hay una vinculación en la época inicial de los escritores de esta nueva generación con el "boom," pero afirma que "huímos de ellos" y aclara:

> ya es hora que afirme que nuestra vinculación con la narrativa latinoamericana en aquella época inicial, hasta el éxito de Cuba, la publicación de *La ciudad y los perros* precedida por la algarabía publicitaria del ingenioso premio Seix Barral, la rayuelización del universo por Sudamérica, era prácticamente nula. Cuando estas obras llegan...nosotros hemos avanzado ya en una dirección que en algunos casos entronca con la obra de ellos, en otros difiere, y en otros acepta la vertiginosa influencia de su éxito.[111]

De este grupo a que alude Skármenta, y los jóvenes escritores que se han unido a ellos con el deseo de abrirse otros caminos en sus vidas literarias que les permita expresar su realidad y democratizar el acto de escribir, es lo que compone hoy día el posboom.

Tanto para Giardinelli como para Skármenta, el escritor del posboom es rebelde, transgresor, disconforme y batallador. Como características preponderantes mencionan que el escritor del posboom se acerca más al lenguaje coloquial conjuntamente con las experiencias cotidianas como puntos de arranques, para alejarse del estilo sofisticado y de los tratados psicológicos del llamado "boom"; observan una fuerte influencia de los medios audiovisuales masivos; un alejamiento total de lo mágico, de lo real maravilloso y del exotismo; existe un acercamiento al realismo y a la oralidad; la sexualidad es un tema "privilegiado" según Skármeta, y para Giardinelli es un tema que los "abruma"; el tema del exilio adquiere un lugar importante ya que muchos de estos escritores se han visto forzados a escribir fuera de sus países natales; no hay grandes nombres que se distingan y no hay a su vez divisiones; los personajes son seres transeúntes de las urbes latinoamericanas que obligan al enfoque, en modo particular, de la vida urbana; y por último, estos escritores concuerdan en aceptar a la mujer escritora dentro de este grupo generacional.

Para Juan Armando Epple hay tres características que distinguen a este grupo de posboom: la parodia, la presentación de protagonistas adolescentes y juveniles unido a lo "pop", y una incorporación del uso de una expresividad poética, pero en una forma natural en las voces de narradores y protagonistas.[112] Donald Shaw lo ha resumido como "the three 'P's of the Post Boom: parody, poetry and 'pop'".[113] Este es el caso de las obras de autores como Giardinelli en *Luna caliente* (México: Oasis, 1983), donde se narra la historia de un joven abogado que se ve involucrado en un crimen, se enreda en una pasión erótica con una niña-adolescente y paralelamente se aprecia la situación política de Argentina durante los años de la dictura militar de Videla. Otra novela que reune todas estas cualidades y rasgos mencionados es la novela de Isabel Allende *El plan infinito* (Barcelona: Plaza & Janes, 1994) donde cuenta de una manera poética, pero a su vez con sencillez expositiva, la evolución biológica y mental desde la niñez, la adolescencia hasta la vida adulta de Gregory Reeves en una ciudad de California donde sufre la marginación social por las diferencias brutales entre pobreza y riqueza, así como por el racismo; y se parodia la figura mítica del padre como jefe de familia y de la madre como protectora de su hogar e hijos.

Al revisar las características mencionadas y aplicarlas a obras literarias contemporáneas de escritores señalados como pertenecientes a este grupo del posboom, algunos críticos han señalds que algunos escritores gozan o sufren (según sea el caso) de una actitud posmoderna o "postmodernista" en su acepción actual, más bien por su existencia y participación artística en los acontecimientos que marcan la historia de hoy.[114]

Existen diferentes puntos de vistas en cuanto a una definición de la posmodernidad que impide a su vez claras y específicas características o especificaciones. Sin embargo, Iris M. Zavala, en un acercamiento a la literatura hispana en particular, ha logrado de una forma breve identificar algunos síntomas o rasgos que se le aplican a la posmodernidad y que ciertamente coinciden con los rasgos o características del posboom que mencionan Giardinelli y Skármeta; aunque en su artículo, Giardinelli confunde en su acepción semántica los términos de posmodernidad y posboom al tratar de usarlos indistintamente; y por otro lado, no podemos descartar la idea de que la producción literaria del "boom" latinoamericano tiene su florecimiento a la par con la posmodernidad según la acepción actual angloamericana.[115] Algunos de estos rasgos que apunta Zavala, y cuya aplicación es más factible al discurso literario, son:

> discurso autorreferencial, eclecticismo, marginalidad, muerte a la utopía, muerte del autor, deformación, disfunción, desconstrucción, desintegración, desplazamiento, discontinuidad, visión no-lineal de la historia, dispersión, fragmentación, diseminación, ruptura, otredad, descentramiento del sujeto, caos, rebelión, el sujeto como poder, género/diferencia/poder (probablemente el más positivo como revisión del patriarcado), pluralismo (libertad contra totalitarismo), procesión de simulacros y representaciones, disolución de las 'narrativas' legitimadoras y una nueva episteme o signo-sistema.[116]

Como se puede apreciar en este enunciado de Zavala, así como en las características señaladas por Giardinelli y Skármeta, aunque todo intento de clasificación es arbitraria y ambigua, exite una correlación entre los componentes del posboom y la actitud o la animosidad posmodernista; algunos, como Neil Larsen, observan "el renacimiento de una 'escritura realista' totalmente proscrita por el *Modernism*, que ahora reaparece en la literatura femenina, 'étnica' y testimonial," como una bifurcación interna del *Postmodernism*.[117] Sin embargo, la animosidad del escritor de posboom, en cuanto a la "escritura realista" se refiere, se aparta de los cánones posmodernistas. El escritor del posboom se interesa en recuperar las fuerzas expresivas con el propósito de crear textos que muestren la realidad que les circunda, para denunciar y socavar las reglas sociales y económicas establecidas y a la vez presentar soluciones. Este acercamiento a la realidad, como efectivamente afirma Larsen, es lo que ha hecho posible la participación activa de la mujer escritora en la literatura contemporánea. Ellas han podido denunciar y exponer, especialmente por medio de la creación de personajes femeninos en sus trabajos literarios y en la mayoría de los casos de una forma subversiva, sus preocupaciones en cuanto a la posición y función de la mujer en la sociedad y abogar por nuevos cánones sociales.

Otro aspecto importante de la generación del posboom hispanoamericano es, que se ha facilitado la reivindicación de varias escritoras femeninas ignoradas u olvidadas durante años y muchas han sido las voces que se han levantado para apuntar la falta de participación y reconocimiento que tuvo la mujer escritora durante la época del "boom." Como ejemplo exponemos las palabras con las cuales Helena Araujo comienza su ensayo "Escritoras latinoamericanas: ¿Por fuera del 'Boom'?":

> Resulta sorprendente (y molesto) constatar hasta qué punto se ignora a las escritoras latinoamericanas en esta era gloriosa de los maestros del "boom". ¿Machismo? ¿Sexismo? ¿Discriminación? ¿A qué se debe una exclusión tan flagrante cuando se principia a tomar encuenta la novelística femenina de Norteamérica y Europa?[118]

Como esta denuncia, hay otras de igual pretensión. Rosario Ferré en su colección de ensayos *El coloquio de las perras,*[119] siguiendo el estilo de la novela ejemplar cervantina "El coloquio de los perros," critica severamente, aunque revestida de jocosidad, el ausentismo de escritoras y personajes femeninos en la literatura del "boom." En el ensayo estilo fábula que lleva el mismo título del libro,[120] dos perras, Franca (una perra sata puertorriqueña y crítica literaria de profesión) y Fina (perra de raza pura y escritora) se enfrascan en una conversación amigable sobre la verosimilitud de la literatura hispanoamericana. Ambas perras, Fina y Franca, por sus ocupaciones en el mundo literario, pueden ser identificadas y relacionadas con la voz autorial de Ferré, quien a su vez es crítica y escritora. Fina comienza quejándose de que en cuanto a los escritores del "boom" la "deprime bastante la manera en que estos presentan a féminas de su mundo" (14).

Durante la discusión literaria de las perras, ellas analizan los personajes femeninos de algunas obras de los autores del "boom" desde su punto de vista canino femenino. Según Fina, hay sólo tres textos de Borges donde "las féminas asoman la cabeza."[121] Los personajes de Lezama Lima en *Paradiso* representan a las perras que en Latinoamerica se les ha adjudicado tradicionalmente el rol de ocuparse de los moribundos "no porque lo sintieran más que los demás parientes, sino porque era lo que se esperaba de ellas" (17). Añade Fina que "las perras de Onetti son todas vírgenes adolescentes que se convierten en prostitutas titilantes" (18). En cuanto a Carlos Fuentes, aunque son fieles admiradoras del autor, señalan que en *La muerte de Artemio Cruz*, Fuentes se "refiere a la fémina como a 'la chingada,'" y para él el rito implica

> una interpretación un tanto idealizada de nuestra perra vida de féminas, que en Latinoamérica a menudo pasamos de la casa del padre a la del marido como ovejas sacrificadas, desprovistas de autoridad. (21)

Aunque, según Fina, "en *Terra Nostra* [Fuentes] se ha dado cuenta de que las perras hemos empezado ya a seguirle la pista" (21). De todos los escritores del "boom" el que más mortifica a Fina es Donoso, porque en sus novelas pinta a las perras "siempre como viejas chismosas y andrajosas" (23). Aclara Fina más adelante que su escritor preferido es García Márquez y el personaje de Ursula, de *Cien años de soledad*, es uno de los personajes femeninos más admirados por ella "porque ante la crueldad y el egoísmo del mundo evita siempre entregarse a la amargura y al cinismo, y nos da una imagen enaltecedora, de virtud ejemplar" (24). Otras "perras personajes" de García Márquez no le son tan simpáticas "porque caen en el rol de la matriarca todopoderosa, que ejerce un poder abusivo en la sociedad," (25) refieriéndose al personaje de Bendición Alvarado en *El otoño del patriarca*, y nos recuerda este comentario también al personaje de la abuela en "Eréndida."

Al corresponderle el turno a Julio Cortázar, Fina no quisiera tener que incluirlo, tal vez por la gran influencia que ha tenido este escritor argentino, en cuanto a la forma de escritura, en la obra de Rosario Ferré (por ejemplo, "La muñeca menor"), y además, Ferré escribió un libro de investigación sobre la obra de Cortázar.[122] Debido a este acercamiento, Fina dice "que [Cortázar] es un escritor que llevo muy cerca del corazón, pese al maltrato que a veces nos da a las féminas" (27), refiriéndose a que algunos textos de Cortázar

> se encuentran también plagados de tortura y de sadismo sexual, muy a la moda de los años sesenta, en los cuales las féminas éramos el infeliz instrumento que le facilitaba al hombre el paso a la experiencia mística. (28)

Después de este comentario, Fina aclara que Cortázar es "uno de los pocos escritores hispanoamericanos que ha intentado entrar en la subjetividad femenina, al situar en ella su punto de vista narrativo en primera persona."[123] Pero por otro lado, según Fina, en muchos de sus textos "es pavorosamente machista," (27) teniendo como ejemplo a la Maga de *Rayuela*. Por el contrario, las perras narradoras no aprecian a Mario Vargas Llosa porque "en sus novelas las féminas no existen, y en retribución, lo deberíamos dejar fuera de nuestro coloquio" (29).

En todo este largo escrito, Ferré logra, a través de una forma chistosa que a veces raya en la burla, exponer su punto de vista como escritora y criticar la actitud machista de escritores que la antecedieron. Este escrito es una forma de decir, abiertamente y sin inhibiciones, que la mortifica que los escritores ignoren a las colegas escritoras y no se ocuparan de presentar a unos personajes femeninos que representaran a la mujer con objetividad y autenticidad.

Afortunadamente, y apartándonos un poco de la opinión de Ferré, en las últimas dos décadas se les ha permitido a las escritoras contemporáneas evolucionar hacia el canon existente, situación que ellas han sabido aprovechar para crear parámetros distintivos del discurso femenino en el ámbito literario en que se desenvuelven.

Con respecto a la participación de la mujer escritora en este mundo literario del posboom, Mempo Giardinelli ha advertido en su artículo que "ahora las escritoras tienen lugar en la literatura como no lo tuvieron en ninguna generación anterior." En ese mismo párrafo Giardinelli señala que "en el posboom se asiste a la terminación de la literatura machista. Han cambiado modelos y preocupaciones y ya no se inventan–ni se admiten–mujeres literarias al servicio del macho y la cocina."[124] Esta aseveración es de gran peso porque proviene de uno de los señalados por los críticos literarios como perteneciente a la generación hoy llamada posboom.[125] No solamente Giardinelli, desde su punto de vista de crítico, observa que las mujeres tienen cabida en esta generación literaria, sino que también el crítico Juan Manuel Marcos ha confirmado que "en el 'postboom' las mujeres literarias se están convirtiendo en mujeres de carne y huesos"[126] y este hecho ha contribuído a que por fin la narrativa latinoamericana carezca de los prejuicios que imponían la iglesia y la sociedad burguesa.

Las escritoras latinoamericanas no han solicitado ser admitidas en este o en otros grupos; ellas simplemente han abogado por la merecida atribución de validez a su obra literaria, y como hemos señalado en el capítulo anterior, para lograrlo han tenido que descubrir y crear nuevas premisas para poder ocupar un lugar privilegiado que les permita exponer su arte de la escritura en plenitud. Algunas de las premisas que las escritoras contemporáneas han creado concuerdan con los rasgos distintivos que se le atribuyen a la generación del posboom propuestos por Antonio Skármeta, Mempo Giardinelli y Juan Armando Epple. Estas escritoras han debido mostrar una inconformidad con la historia, una actitud de rebeldía que lucha incansablemente una batalla por ocupar el lugar que se le negó a anteriores escritoras como Rosario Castellanos y Silvina Ocampo, o a Julia de Burgos en el caso de las puertorriqueñas, para mencionar algunas. En este aspecto, la teoría feminista, norteamericana y europea, ha contribuído enormemente al estudio de la producción de mujeres. Las críticas feministas contemporáneas se han impuesto unas metas ambiciosas y así lo reconoce la crítica Jean Franco al advertir que la teoría femenina "debe abarcar una lectura de la cultura que altere sustancialmente los marcos del sistema literario y nos dé, al mismo tiempo, nuevos instrumentos de análisis."[127] Es alentador saber que la crítica literaria no desea limitar su estudio a lo intrínsico del texto, sino que ansía urgar en lo extrínsico que en ocasiones resulta ser lo esencial.

Sin embargo, es sobre la escritora en quien ha recaído el peso de la responsabilidad de alterar los marcos del sistema literario. Esta alteración, y hablando exclusivamente sobre la escritora hispana, se ha logrado esencialmente a través de una forma innovadora en la enunciación. Como bien señala Jean Franco las mujeres escritoras contemporáneas son unas "ventrílocuas"[128] al referirse al uso de la voz poética masculina en la obras de Rosario Ferré, Clarice Lispector y Cristina Peri Rossi. Según Franco,

> Las mujeres 'ventrílocuas' se instalan en la posición hegemónica desde la cual se ha pronunciado que la literatura es deicidio, la literatura es fuego, la literatura es revolución, la literatura es para cómplices, a fin de hacer evidente la jerarquía masculina/femenina.[129]

No solamente las escritoras contemporáneas han tenido que ser "ventrílocuas" de unas voces masculinas para reclamar una posición dentro de una jerarquía de supremacía masculina, sino que a su vez han tenido que ser "ventrílocuas" de sus propias voces femeninas, al tener que ser la voz de la mujer escritora y de la mujer en general, con el fin de despertar las conciencias dormidas de las mismas féminas. La mujer escritora de este periodo contemporáneo en su lucha por ocupar un lugar dentro del sistema literario–y que este evento no figure como algo accidental–ha creado personajes femeninos, que se pueden concebir como una estrategia textual, que pueden marcar una trayectoria de su superación desde una visión ontológica, con el propósito de definir la autenticidad femenina.

Para Skármeta, según señala en su artículo, la gama de personajes de esta novísima narrativa "carecen de especial relevancia."[130] En cambio, los personajes de las escritoras hispanas contemporáneas (para incluir a las escritoras peninsulares) son de suma importancia ya que todas se interesan en presentar uno o más personajes femeninos que de una forma u otra denuncian la marginalización cultural de la mujer y en algunos casos la exclusión del discurso literario. Como hemos señalado en otros capítulos, el personaje femenino es un elemento identificador y simbólico en la obra literaria de las mujeres porque les permite explorar en su interior y les permite crear un auto-retrato, ya sea individual o colectivo. En otras palabras, por medio del uso del personaje femenino las escritoras han logrado expresar, por medio de la palabra escrita, lo que rechazan y por lo que abogan.

En el caso particular de los escritores puertorriqueños se puede decir que por primera vez éstos se mencionan como pioneros de una generación literaria (a excepción quizás de Eugenio María de Hostos y Luis Palés Matos) junto a escritores de otros países, y se incluyen en el grupo que contribuye con algunos rasgos distintivos, logrando así ser incluídos en una generación muy actualizada como es el posboom. Este logro se le debe a escritores como Luis Rafael Sánchez, quien escribe desde la era del "boom," Juan Antonio Ramos y Manuel Ramos Otero, para mencionar a algunos, pero en específico ha sobresalido la obra literaria de las mujeres escritoras puertorriqueñas, a quienes han elegido los críticos como pertenecientes a ese grupo que hoy compone el posboom. Entre ellas las más destacadas son Rosario Ferré y Ana Lydia Vega.

A Rosario Ferré se le puede categorizar, junto a Luis Rafael Sánchez, como escritora de transición entre el "boom" y el posboom. Si hacemos un estudio diacrónico de la obra literaria de Ferré desde sus primeros cuentos coleccionados en *Papeles de Pandora* (1976), se observa la influencia de Cortázar y los demás integrantes del "boom" más que en ningún otro escritor puertorriqueño. Ferré, junto a otras escritoras hispanoamericanas, aprovechó el momento propicio de auge y declinación del "boom" para desarrollar una escritura femenina, con personalidad propia, que eventualmente le permite apartarse del canon que habían establecido los grandes de la época. Sin embargo, a comienzos de su carrera literaria supo seguir los pasos de sus antecesores y maestros, como lo demostró en su cuento fantástico "La muñeca menor," en cuanto a la fusión de la muñeca y la mujer al estilo de "Axolotl" de Cortázar. Igualmente, en "Cuando las mujeres quieren a los hombres" a través de un acto de histeria las dos mujeres se funden en un solo cuerpo para complementarse. Se refleja en ambos cuentos la idea borgiana de que tal vez todas las mujeres son la misma mujer.

No obstante, Ferré se ha adaptado e incorporado a la nueva corriente y como la mayoría de las escritoras de posboom muestra una actitud disconforme, transgresora y batalladora en toda su carrera literaria. En sus escritos como ensayista Ferré examina la posición de la mujer como escritora, apoyándose en ideas feministas europeas y norteamericanas para complementar sus ideas acerca de la situación de la escritora puertorriqueña, y en muchos de los casos reinvindicar escritoras puertorriqueñas que se tenían en el olvido, como es el caso concreto de la poeta puertorriqueña Julia de Burgos. Además, Ferré, en su trabajo literario no se cohibe de explícitamente jugar con un discurso autorreferencial.[131] Esta actitud la lleva hacia una nueva generación literaria y se adapta a la visión del posboom, ya que su intención es revisar, criticar y señalar aquellos aspectos que desvían y desintegran el sistema de valores puertorriqueño.

En la mayoría de los cuentos recogidos en *Papeles de Pandora*, así como en sus novelas cortas, Ferré se obsesiona con el personaje femenino para cuestionar la problemática puertorriqueña desde una perspectiva de la mujer. Este detalle de la imposición de unos personajes femeninos le da a Ferré la oportunidad de presentar un sistema cultural dominado por reglas patriarcales y a su vez debate la triste pérdida de los valores de la era de las centrales azucareras debido al progreso económico que impone la nueva colonización en la isla; absolutamente expuesto desde una visión femenina y desde una postura ambivalente que la distingue de cualquier otro escritor o escritora puertorriqueña, ya que Ferré pertenece a una familia que supo económica y socialmente moverse de la producción azucarera al mundo de la banca y la producción en masa a través de un acercamiento directo con los Estados Unidos, proporcionándole poder para influir en la vida política puertorriqueña.[132] Obviamente esta situación conflictiva en la vida de la escritora le ha sido válida para presentar, a través de prototipos femeninos, la marginación no sólo de la mujer en la sociedad patriarcal de clase baja, sino también de la mujer en una sociedad dominante donde sufre igual represión debido a su sexo. En su cuento "La Bella Durmiente," que algunos lo han designado como novela, incluído en *Papeles de Pandora*, Ferré logra exponer la situación femenina en la sociedad de la clase alta puertorriqueña. A su vez y desde comienzo del relato, hay una disolución de las 'narrativas legitimadoras' a que se refiere Iris M. Zavala como uno de los rasgos del discurso literario de la posmodernidad hispanoamericana. Para este cuento Ferré escoge múltiples y heterogéneos narradores que retratan de forma parodiada las costumbres de la clase alta puertorriqueña con sus prejuicios, imitadores del lenguaje y costumbres de países capitalistas, a través de cartas, monólogos interiores, cortes de periódicos con reseñas sociales, copias de invitaciones sociales, haciendo alusión a textos y obras musicales clásicas.

La historia está contada desde dos contextos que se entrelazan: uno es el de la cuestión histórica de Puerto Rico y el otro es la cuestión cultural. En el cuento, la familia de la protagonista, María de los Angeles Fernández, al igual que muchas familias puertorriqueñas de la capital, preservan algunos valores de la cultura hispánica, como por ejemplo la constitución familiar donde el padre y la madre ocupan espacios y tareas rígidamente establecidos.

El hombre pertenece a la calle y la mujer a la casa, a la intimidad del hogar, al cuidado de los hijos y al esposo, pero a su vez aceptan la influencia en la vida social de una cultura capitalista. La protagonista del relato intenta integrarse a una sociedad burguesa puertorriqueña, pero sin renunciar a sus propios valores. Debido a esta actitud de inconformismo de María de los Angeles surgen unos conflictos entre los roles femeninos que se le imponen. María de los Angeles fue educada en un colegio de niñas de clase alta; es hija del alcalde de San Juan, Don Fabiano, quien es rico e influyente, y de una mujer sometida a su marido y a la sociedad a la que pertenece. Para presentar la historia de esta protagonista, Ferré trastoca la historia de varias piezas de ballet dramático y cuentos clásicos. La principal, y a la que corresponde el título del cuento, es la historia de *La Bella Durmiente*, compuesta en 1890 por Tchaikovski (1840-1893), donde el Príncipe Encantador despierta a la Princesa con un beso y al final los protagonistas se casan. Otra es la pieza francesa *Coppélia* de Leo Delibes (1836-1891), donde se cuenta la historia de la aldeana que para atraer la atención de su amado se disfraza de Coppélia e interpreta un baile muy cómico y al final los dos amantes se reúnen. Y la otra pieza es la de *Giselle,* ballet trágico cuya música y libreto pertenecen a Adolph Adam (1803-1856) y Théophile Gautier (1811-1872), en el cual Giselle tiene dos enamorados, el pastor Hilarion y el campesino Loys. Cuando Giselle se entera de la traición de su amado, el campesino Loys, quien es a su vez el duque Albrecht, enloquece y muere. En el segundo acto Giselle regresa desde la tumba y en compañía de las willis, fantasmas de las doncellas que no se casaron jamás, se venga de los dos hombres, lo que causa la muerte de ambos. Y por último, se alude al cuento infantil "Zapatillas rojas" de Hans Christian Andersen (1805-1875), en donde la protagonista abandona sus deberes con la familia y la iglesia para entregarse por completo al baile. Un día se pone sus zapatillas rojas y comienza a bailar desenfrenadamente y un ángel se le aparece y le dice que bailará hasta morirse de agotamiento como castigo por sus pecados, lo que le crea un conflicto entre la vocación y el amor. Ante la imposibilidad de quitarse las zapatillas, ella decide amputarse los pies y poco después muere. Este relato, así como muchos de los cuentos de Ferré, supone un conocimiento de parte del lector con la historia del pasado y moderna de Puerto Rico y los diversos contextos escogidos, que por lo regular se refieren a otras culturas. Para mayor éxito del uso de esta interrelación de textos, Ferré distorsiona, deforma y no presenta una visión lineal de la historia, de forma que pueda reconstruirse una historia desde el punto de vista de la autora. Estas historias ficcionalizadas, que funcionan como intertextos, influyen en la composición del relato, tanto en la evolución del argumento como en el diseño de los personajes.

El cuento comienza con la lectura de unas cartas anónimas que anticipan algo de lo que pasará al final y generan un suspenso en el lector, atribuyéndole un aspecto circular a la estructura de la historia. Ferré crea su historia alrededor de la vida de una joven puertorriqueña sanjuanera quien, por su crianza y relación con la alta sociedad, parece tener vida de una princesa en nuestros tiempos modernos. El lector se entera por medio de la correspondencia que existe entre el padre de María de los Angeles y la Madre Superiora del colegio, donde la joven estudia, de que el padre desea casarla con un joven rico, de buena familia y muy en especial, le interesa la preservación de su apellido. Por otro lado, las monjas desean que ella se integre a la vida religiosa ingresando como monja en esa comunidad. Por su parte, la protagonista desea ser bailarina. Sin embargo, pensando que su obstáculo para realizar su sueño de bailarina son sus padres y las monjas, determina casarse con Felisberto, quien le promete que podrá seguir bailando después del matrimonio. Para María de los Angeles, Felisberto es su príncipe que la despierta del sueño con un beso y le proporciona libertad; pero Felisberto tiene su propio proyecto para el futuro y la traiciona al hacerle un hijo por la fuerza para no aparecer como un "pelele" ante Don Fabiano y la sociedad.

Los narradores no son del todo fiables, ya que se contradicen entre ellos al contar los mismos sucesos. Sin embargo, el monólogo interior de la protagonista funciona para revelar los contenidos de la subconsciencia de María de los Angeles y son la única información directa que se tiene acerca de su vida y sus aspiraciones. Se aprecia por medio de estos monólogos interiores que hay ciertas personas fuera del círculo familiar y social que influyen en su vida. Ella sabe de la vida de una bailarina puertorriqueña, Carmen Merengue, que tiene algo en común con la historia de la bailarina de las zapatillas rojas ya que ambas se dedican a bailar, aunque en diferentes categorías musicales. La protagonista de las zapatillas rojas baila una música clásica, apreciada más por una clase social alta; Carmen Merengue en contraste se dedica a bailar la música popular llamada merengue, oriunda de la República Dominicana y que se ha arraigado como música popular en Puerto Rico (a pesar de la prohibición que se promulgó en contra de esta música y baile en Puerto Rico para el año 1850) y su baile es algo erótico y sugerente. Este personaje femenino, quien es el modelo de María de los Angeles, simboliza un modelo de femineidad opuesto al que le presentan su madre, las monjas y demás mujeres de su círculo social. La volatinera representa, en forma mitificada, la posibilidad que tiene la mujer de autorrealizarse, sin renunciar a las alternativas que la vida burguesa le ofrece; ella fue amante del padre de María de los Angeles y lo abandonó para buscar su propio destino. Para la joven María de los Angeles, quien representa el estrato adolescente de una sociedad puertorriqueña en evolución, Carmen Merengue es el modelo ideal del éxito consumado a pesar de que esta bailarina no pertenece al estrato social de la clase alta.

Al final, María de los Angeles en un monólogo interior mezcla en su subconsciente su propia historia con la historia de ficción de la Bella Durmiente y como una Giselle con sus willis, en un baile cómico como Coppélia, con sus zapatillas comienza a bailar en una habitación de un hotel barato como una volatinera. Ella había llegado a la habitación acompañada de un hombre al cual la protagonista se le propuso como prostituta, acordando la suma de veinticinco dólares por sus servicios. Anteriormente María de los Angeles había estado enviando unas cartas anónimas a su esposo, Felisberto, donde le hablaba de la mala conducta de su esposa. Su esposo, con intención de corroborar la información de las cartas, llega al hotel donde María de los Angeles está con el hombre bailando desenfrenadamente. Felisberto, trata de reprender a su esposa, pero el hombre la defiende y lanza a Felisberto contra la pared del cuarto, Felisberto trata de defenderse sacando una pistola y dispara, pero hiere mortalmente a María de los Angeles. De esta forma la pieza de ballet de María de los Angeles termina con un acto trágico, para parodiar las piezas que Ferré escoge como intertextos.

El lector se entera de la tragedia de María de los Angeles a través de una carta que su padre le escribe a la monja después de la muerte de su hija. En esta carta se denota cierta afiliación y complicidad masculina-patriarcal. El padre afirma que el "ballet era un vicio que había que extirparle a María de los Angeles de raíz." Más adelante añade,

> Esa tarde por lo visto decidió que era más importante su dignidad [la de Felisberto] y quiso darle a María de los Angeles un buen escarmiento. Pero ese escarmiento era para habérselo dado en privado, Madre, en la privacidad de la casa haberle puesto las peras a cuarto pero no allí de aquella manera escandalosa, y en presencia de un extraño. (182)

Es decir que, Felisberto, según el padre de la joven en su complicidad masculina, tenía derecho y razón de hacer que María de los Angeles renunciara a su vocación de bailarina, en la cual ya estaba experimentando cierto éxito, castigándola física y emocionalmente.

Los monólogos interiores de la protagonista se distinguen de los demás relatos por el uso del lenguaje popular, mientras que en la correspondencia entre el padre y la monja se nota cierto desprecio por esta forma de expresión; en las reseñas del periódico se entremezclan el español con anglicismos y frases francesas que son regulares entre "los Beautiful People." En general, por estar la mayoría de los narradores vinculados con la alta burguesía puertorriqueña hay ausencia de regionalismos y del habla popular; más bien se conforman con una expresividad poética, con excepción de la protagonista principal quien se acerca más al mundo que la rodea y aparenta ser más realista al usar un lenguaje callejero "como forma natural del decir."[133] De esta manera Ferré parodia los códigos oficiales del lenguaje, como también los géneros literarios clásicos que cuentan historias de princesas y sus príncipes, así como la música clásica.

Elzbieta Sklodowska al considerar la parodia en la novela femenina hispanoamericana sostiene que "no toda novela femenina será paródica por el mero hecho de ser escrita por mujer."[134] Sin embargo, apunta que ella considera "la *potencialidad* paródica de la escritura femenina como uno de los rasgos más sobresalientes de la misma."[135] Este argumento es sostenible en una aplicación por igual a la cuentística hispanoamericana escrita por mujeres. En cuanto a las escritoras puertorriqueñas contemporáneas se refiere, es Ana Lydia Vega quien con mayor acierto ha hecho uso de la parodia como subversión en su discurso para su planteamiento feminista (como lo observamos en varios cuentos tratados en los capítulos anteriores) y este hecho le ha adjudicado su lugar en esta nueva generación de escritores. Junto a la parodia, el éxito de su narrativa estriba en recoger en su cuentística el lenguaje oral en calidad de una transcripción del lenguaje directo como lenguaje narrativo. Este detalle especial le proporciona a la narración una fluidez impresionante.

Vega, al igual que Ferré, se interesa por la historia y la evolución política del Puerto Rico actual, y además demuestra una preocupación por el Caribe en general. Irónicamente, a través de personajes femeninos, como es el caso de Suzi Bermiúdez en "Pollito Chicken," logra presentar de forma caricaturesca el conflicto que sufre el puertorriqueño en la búsqueda de su identidad. En su cuento "Ahí viene Mama Yona,"[136] incluído también en *Vírgenes y Mártires*, de una forma paródica Vega presenta una figura matriarcal que influye en la vida familiar y representa a su vez la prosperidad y la abundancia. Parece paradójico que una escritora con intereses feministas se apodere de personajes femeninos para parodiarlos y ridiculizarlos con el propósito de revisar el sistema de valores puertorriqueño.

Giardinelli, al mencionar a los personajes femeninos que aparecen en la posmodernidad (refiriéndose sin duda al posboom) en la literatura hispanoamericana, justifica que

> en la posmodernidad de ningua manera aparecen los personajes mujeres estratificados como prostitutas-infieles-sometidas-autoritarias-castradoras-ambiciosas-esnob-objetosdeplacer-brujas.[137]

Obviamente Giardinelli se refiere al discurso literario masculino y tal vez a algunas mujeres que se amparaban en estos personajes para poder enviar su mensaje. Hoy día y por lo general, como ya hemos señalado en capítulos anteriores, la mujer escritora crea unos personajes femeninos que funcionan como espejo donde la otra mujer puede observar una figura alentadora y liberadora. Otras, como Vega, presentan de forma ambigua unos personajes femeninos que desentonan con figuras femeninas ejemplares establecidas, como por ejemplo la figura de la madre. Esta actitud ambigua, estudiada por la crítica feminista,[138] muestra que no necesariamente la mujer desea una identificación directa con su madre y, aunque se tiene cierta admiración hacia la madre como ser humano, se rechaza su carácter de víctima del patriarcado que en ocasiones la convierte en cómplice. Según Judith Kegan Gardiner:

> The most disturbing villain in recent women's fiction is not the selfish or oppressive male but instead the bad mother. This mother-villain is so frightening because she is what the daughter fears to become and what her infantile identification predisposes her to become. One way in which the author may dispose of this fear is by rendering the mother so repulsive or ridiculous that the reader must reject her as the fictional daughter does.[139]

Vega, en su cuento, crea un personaje femenino, Mamá Yona, que sigue la corriente política y promulga los ideales del partido en el poder en la casa de gobierno; por lo tanto es opositora del comunismo, es proyanquis y representa el anexionismo político. Para los días en los que se desarrolla el cuento está en el Poder el partido Estadista, quienes se proponen, encabezados por el Gobernador, conseguir la unión permanente de la Isla con los Estados Unidos. Por el contrario, la hija de Mama Yona, madre de la narradora, se inclina a la independencia de la Isla. Todo el relato es contado por la nieta de Mama Yona, que no aprueba la conducta matriarcal de la abuela, ni la de su propia madre, quien representa, contrariamente a Mama Yona, el discurso nacionalista patriarcal. Esta joven narradora, como una observadora, proporciona la información que el lector necesita y a la vez se ve forzada a participar en los acontecimientos con cierto disgusto.

En la primera línea del cuento la narradora nos presenta la figura de la abuela e inmediatamente describe cómo es esta mujer y las consecuencias que contrae la visita de Mama Yona a su casa, pues "la casa se vira patas arriba" (119). A la joven narradora le inquieta la presencia de la Mama Yona, pero más le abruma la conducta de cómplice de su madre quien no comparte los ideales de Mama Yona, pero se somete y obliga a los de su casa a someterse:

> Entonces mi madre irrumpe en los cuartos como un ángel exterminador, a arrancar carteles comprometedores, a borrar consignas de las paredes, a esconder, por encima de mis débiles protestas, las banderas de Puerto Rico y Lares. Albizu Campos y Betances aterrizan de cabeza en el baúl. Patria o Muerte pierde la patria. (120)

Después de la limpieza general, los arreglos pertinentes y esconder y renunciar a sus sentimientos políticos, la llegada de Mama Yona es un acontecimiento apoteósico:

> Entre gritos, aplausos y el espionaje más o menos flagrante de los vecinos, desciende Mama Yona, precedida por sus tetas planetarias y escoltada por su respetable señor culo; de medio luto, como desde que la conocemos, su cabeza de alcurniosa mulata por el eterno e insolente moño. (123)

Como parte de la marcada ironía, el personaje de Mama Yona es contrario a la mulata buena que en otras obras caribeñas ha sido emblema de la opresión racial. En este cuento la mulata personifica a la opresión que ofrece, como medio de conquista, la abundancia alimenticia y un aparente bienestar al traer con ella cajas llenas de panes y frutas. Además, a través de todo el cuento se presenta la disfunción que existe en la sociedad puertorriqueña respecto a la unidad familiar en cuanto al consenso político se refiere. Vega, como escritora de posboom, presenta la realidad política, social y económica que la sociedad puertorriqueña está experimentando y cómo esta sociedad trata de solucionar los problemas, en una forma parodiada, humorística y casi carnavalesca, desde la visión de una joven.

Todo el éxito del relato recae en el uso del lenguaje coloquial que usa la narradora para expresar sus experiencias cotidianas. Este lenguaje oral-coloquial evita lo descriptivo y un lenguaje indirecto que pueda hacerlo referencial. Es más bien como un ente cinematográfico que, por medio de frases cortas, dichos populares y metáforas no rebuscadas, presenta unas escenas muy animadas y le confiere a su vez una fluidez espacial al relato. También, el uso del lenguaje coloquial le resta seriedad a la crítica personal que desea introducir la autora y con un espíritu de risa señala aquellos problemas políticos y culturales que sufre el puertorriqueño en este tiempo de posmodernidad.

Está claro que el escritor puertorriqueño no ha podido desistir en tratar el tema de la búsqueda de identidad, por la condición cultural y política en que se ha desarrollado Puerto Rico durante todo este siglo veinte. Sin embargo, los escritores contemporáneos se han aventurado a experimentar con otros estilos y nuevas técnicas literarias para expresar un mismo sentir. Esta experimentación, y hablando en especial de las escritoras, les ha dado la oportunidad de tener un nuevo acercamiento a la realidad de la mujer puertorriqueña de forma considerable. Para el 1987, Ana Lydia Vega publica su libro de cuentos *Pasión de historias y otras historias de pasión,* en el cual la autora sigue, o más bien copia de forma paródica, el género detectivesco. Según afirma Rosario Ferré, la novela detectivesca "es uno de los géneros más misóginos que existen y ella [Vega] lo voltea al revés y lo hace un género feminista."[140] Esta colección de cuentos cumple con el propósito de denunciar la violencia sexual, social y cultural que sufre la mujer puertorriqueña.

En el cuento "Ajustes S.A.,"[141] todo el relato es contado por medio de una cadena de informes oficiales, los cuales son enviados y contestados por oficiales y empleadas de las oficinas de Ajustes S.A. Los informes tienen el objetivo de burlar el discurso oficial, cuasi-legal, de las oficinas de detectives privados o públicos. A la vez se utiliza para burlar y subvertir la forma de contar del discurso tradicional; además, aporta una nueva estructuración al cuerpo del cuento muy diferente a la tradicional. En general, se altera el sistema literario establecido.

Al igual que en el cuento "Cuatro selecciones por una peseta," la autora tiene el propósito de criticar y denunciar el trato que se le da a la mujer puertorriqueña en esta sociedad contemporánea. También, se desea burlar y cuestionar la institución del matrimonio. En "Ajuste," con una aparente seriedad por ser un documento oficial, se utiliza la parodia para poder divulgar la idea que se desea, a través de un discurso invertido. La protagonista causante de toda la acción, quien oficialmente es La Clienta en el documento, somete ante la Registraduría de Querellas de la Agencia un documento jurado ante la Notaria principal, con el fin de reclamar el divorcio de su "Marido Ideal," o El Penable oficialmente. A este caso se le asigna el número 6,000. Según La Clienta, El Penable es el mejor marido, dotado de perfecciones y según el documento

> dicha perfección del Penable atenta contra la auto-imagen de La Clienta realzando implacablemente la imperfección de esta última, quien por razones de pura higiene mental reclama urgentemente el divorcio. (41)

Al comienzo del cuento, La Agencia se enfrenta al problema que no sabe cómo resolver el caso 6,000 y dicha Agencia siempre se había caracterizado por la rápida solución que le había proporcionado a problemas anteriores. Según la carta que envía la Corregidora General a la Suprema Socia Benefactora, quien estaba dudando de la eficacia de La Agencia por no poder resolver el caso, le asegura que todos los anteriores "5,999 casos se habían resuelto satisfactoriamente" (39). Ante la imposibilidad de resolver el asunto, La Corregidora somete el caso a todo tipo de acciones burocráticas complejas y asegura en un "screening" preliminar que:

> La Cliente se había comportado, durante sus diez años de matrimonio, de manera ejemplar. La conclusión resultaba obvia: la subversión sistemática de esta conducta modelo debía lógicamente conducir a una desestabilización de la "la subversión sistemática de [una] conducta modelo [por parte de La Clienta] debía lógicamente conducir a una desestabilización de la pareja" (42).

Como resultado, se le aconsejó a La Clienta que haga sabotajes domésticos y una huelga sexual. Pero el marido no se entera de la situación, por lo contrario, "se veía más joven, más guapo que nunca" (44).

Como no se encuentra una solución para el caso, se acude a la última alternativa: la empleada Olga La Chilla. A esta empleada se le da la encomienda de conquistar a El Penable con el propósito de tener así La Clienta una excusa para divorciarse, pero Olga La Chilla no consigue su objetivo. El lector se entera de todas las acciones de Olga La Chilla a través de la transcripción exacta de una grabación que ella somete como informe de su trabajo. Este discurso difiere del discurso de La Corregidora debido a que hay una identificación directa con el discurso del habla popular, como se aprecia en las primeras líneas del documento:

> Estaba gozándome unas ricas y bien merecidas vacacioncitas en Boquerón después de haberme tenido que tirar como a diez Penables corridos, a cual más hijo del gran chulo de los diez, cuando me mandaron a buscar de Chanchullos. Como yo siempre antepongo el deber al placer si no puedo combinarlos, recogí mis motetes y al ratito ya estaba documentándome oficial con las muchachas de Asesoría. La Jefa me dio 24 horas para someter un plan de trabajo. Eso no me pugilatió gran

> cosa porque en par de horas yo te taso a un tipo y le receto calle lo que manda el caso. (45)

El vocabulario callejero que usa Olga La Chilla, y por supuesto, el tono familiar que adquiere para tratar un caso con el que debe de trabajar, obliga a La Corregidora, al someter el documento, hacer la siguiente salvedad:

> NOTA DE LA CORREGIDORA GENERAL: La Agencia ni se solidariza *con* ni se hace responsable *de* los desmanes lingüísticos y el consecuente relajamiento del tono que caracteriza la jerga utilizada por las agencias de esta división. Tener presente que se trata de una transcripción *fiel* de un testimonio previamente *grabado*. (45)

Esta excusa de parte de La Corregidora agudiza el sarcasmo y la burla que se intenta hacer hacia el discurso oficial. Por otra parte, esta divergencia entre los discursos apunta hacia un antagonismo entre los personajes femeninos. Por un lado, se presenta por medio del personaje de Olga La Chilla un acercamiento más acertado hacia la realidad; mientras que La Corregidora se acerca más a la conducta a que se someten las mujeres que apoyan y auxilian los cánones sociales establecidos y copian el discurso ficticio tradicional oficial, a pesar de que ella está de parte de La Clienta. Pero en ambos discursos, la autora se desprende del discurso poético que se le atribuía a la obra literaria y transgrede todo canon literario.

El cuento tiene un final sorprendente y en el cual recae el éxito de la narración, al saberse que La Suprema Socia Benefactora es El Penable, quien después de recibir y leer los documentos escribe: "QUEMARSE EL EXPEDIENTE. SILENCIAR A LA CLIENTA. ATRIBUIR AL PROXIMO CASO EL NUMERO 6000" (51). Esta inversión de un personaje femenino por uno masculino funciona para mostrar y apoyar la idea de que realmente La Clienta es una víctima de su marido, pues toda la buena conducta que El Penable arma en su actuación cumple el propósito de exasperar a La Clienta. Además, muestra la manipulación del sistema por los hombres, aunque hay una apariencia de que son las mujeres las que dirigen y solucionan los problemas.

Este cuento de Vega, ejemplifica una manera innovadora de enunciar la rebeldía y la inconformidad con el sistema, y así mismo aboga, valiéndose de la parodia, el sarcasmo y la burla, por unos nuevos cánones sociales. También, examina este cuento la distorsión de los valores puertorriqueños, como sería el caso de la institución del matrimonio, con el "humor irreverente" que caracteriza la obra de Vega.

Los cuentos de Rosario Ferré y Ana Lydia Vega tratados en este estudio son ejemplares de una marcada evolución en la estructuración y tono de la literatura puertorriqueña y es la escritora puertorriqueña, con su creación de nuevos personajes femeninos y una renovación del discurso literario, un factor determinante para que la literatura puertorriqueña marche a la par con la literatura hispanoamericana del posboom.

En la literatura creada por los escritores del posboom, un factor interesante y quizás el más sobresaliente y determinante es que el escritor de hoy ha rechazado el tomar de "lo maravilloso" y "mágico" de que gozan las tierras hispanoamericanas para patentizar la cultura y su gente; más bien recogen de aquellos acontecimientos próximos los conflictos cotidianos y vivencias con las que el lector fácilmente puede identificarse. Con relación a los personajes precisamente señala Juan Manuel Marcos, al comparar los personajes de *Cien años* y *La casa de los espíritus*, que

> Lo novedoso en los autores del post-boom, como Isabel Allende, consiste en que los personajes-símbolo y el contexto real latinoamericano se interpenetran dialécticamente, con una permeabilidad mucho más lúcida que en el caso de los del boom.[142]

Igualmente, en estos escritores, en los cuales podemos incluir a los puertorriqueños, no existe el ansia de sobresalir y el de promulgar divisiones que consecuentemente los ahuyenta de ser elitistas, herméticos y creadores de cánones injustificados.

La escritura de posboom, y en específico la escritura femenina, es una de naturaleza revisionista que no solamente tiene por objeto cuestionar e inquirir en los presupuestos teóricos del discurso, sino que trata de desfamiliarizar a los lectores de aquellos códigos de lectura impuestos y asistirlos en la toma de conciencia de las prácticas sexistas de la sociedad. En generaciones pasadas se notó la falta de desarrollo de personajes femeninos que representaran las verdaderas inquietudes de la mujer, que por ende, colaboró en la distorsión de la verdadera identidad de la mujer. Con la contribución de la escritura femenina activa y sin barreras se hace posible el poder revisar la escritura femenina del pasado para una mejor comprensión y el poder explicar la situación de la mujer del presente. Esa revisión conlleva la creación de nuevos cánones teóricos interpretativos que le asignen el lugar que merece la mujer escritora y consecuentemente poder inscribirse en la generación histórica que le ha correspondido participar.

EPÍLOGO

La creación de la imagen de la mujer en la producción literaria de las escritoras puertorriqueñas de hoy contrasta indudablemente con la fértil creación literaria producida por los escritores puertorriqueños durante los años treinta, cuarenta y cincuenta. Esta diferencia estriba en que la escritora puertorriqueña ha logrado capturar metafóricamente la imagen de la mujer puertorriqueña a través de la visión misma de la mujer. Ciertamente es una escritura feminocéntrica que a través de la creación literaria cumple el propósito de incluir e inscribir la presencia de la mujer en la historia del país y revelar una transformación psicológica que la lleve a destruir el enajenamiento que crean los patrones falocráticos que imponen en la mujer unos roles específicos y diferenciadores.

Como hemos observado, son los personajes femeninos los que han facilitado a sus autoras-creadoras el acceso al poder creativo de la palabra. El dominio de la palabra escrita mostrado en los cuentos examinados ha hecho posible la configuración de personajes femeninos que, ya sea en ambientes similares o parecidos, se inmolan o salen victoriosos. El personaje de Amalia en el cuento de Rosario Ferré se sacrifica al derretirse al sol, en fusión con su muñeca, para no seguir el curso de su historia personal y no participar en la historia nacional. Igualmente, Gloria y Titina deben quemar todo para destruir y paralizar la historia, tanto la historia de la famila De La Valle como la historia económica de la Isla. Por otro lado, Juana, en el cuento de Olga Nolla, ante los acontecimientos historicos-políticos de Puerto Rico debe anteponer el bienestar económico de sus hijos y echar a un lado sus sentimientos patrios. En el caso de la tía en "La muñeca menor" de Ferré, Altagracia en el cuento de Nolla, e Inez en el cuento "The artist" de Nicholasa Mohr, en su lucha por sobrevivir toman decisiones drásticas pero alentadoras. Por un lado, la tía en "La muñeca menor" cobra su venganza con los años y la espera de esta venganza le da la fuerza para sobrevivir a la enfermedad y a la vez al tiempo de transición social y económico que sufrió la familia durante ese periodo. Por otro lado, tanto Altagracia como Inez tomaron la decisión de perder su virginidad y reputación, respectivamente, algo indeleble en la mujer hispana, a cambio de su libertad y a través de un proceso de concientización. Otros personajes, como el de Susie Bermiúdez de Ana Lydia Vega y Amy de Nicholasa Mohr, nos presentan la realidad de puertorriqueñas que sienten, en un momento dado en sus vidas, la necesidad de buscar su identidad que le induzca a darle un propósito a su existencia y luchar por un rol en la sociedad.

El ficcionalizar segmentos de la realidad de la mujer puertorriqueña le ha dado la oportunidad a estas escritoras de presentar algunos aspectos de la vida social, política y económica del puertorriqueño de hoy, dándole una importancia a la mujer en su multifacética realidad. Hemos notado, sin embargo, que ninguno de los personajes femeninos fracasa en su intento de sobrevivir en estas historias de ficción. Consideramos que esto se debe a que los personajes femeninos muestran, al igual que sus creadoras, una actitud rebelde en mayor o menor grado. Esta actitud rebelde se acrecienta según la escritora, así como sus personajes, se somete a un proceso de concientización que examina tanto sus mundos interiores como el mundo exterior y su relación como mujer con las estructuras culturales y socio-políticas dominantes. El producto, pues, en el caso de la escritora, es una escritura subversiva que se apropia del lenguaje que un tiempo atrás le era vedado a la mujer, tanto en la creación literaria como en el habla cotidiana, para transformar la comunicación escrita en una innovadora. Para este designio, las escritoras puertorriqueñas vuelven sus ojos al pasado para adoptar estructuras literarias como una base para su obra artística, como las crónicas por Ana Lydia Vega y la fábula por Rosario Ferré; la escritora se vale de la parodia o el sarcasmo, la jocosidad, el habla popular, las malas palabras, el discurso erótico y se sumerge en el mundo anímico de los hombres, para rescatar la figura de la mujer. Son estas "zonas prohibidas," conjuntamente con las capacidades artísticas, las que le han adjudicado a la creación literaria de las mujeres un lugar de prominencia en la literatura hispanoamericana contemporánea y en esta generación de posboom. Por esto, debemos retornar a la pregunta si existe o no existe una escritura femenina hoy día, y tal vez podamos contestar la pregunta con las palabras de Rosario Ferré al respecto:

> El interminable debate sobre si la escritura femenina existe o no existe es hoy un debate insubstancial y vano. Lo importante no es determinar si las mujeres debemos escribir con una estructura abierta o con una estructura cerrada, con un lenguaje poético o con un lenguaje obsceno, con la cabeza o con el corazón. Lo importante es aplicar esa lección fundamental que aprendimos de nuestras madres, las primeras, después de todo, en enseñarnos a bregar con fuego: el secreto de la escritura, como el de la buena cocina, no tiene absolutamente nada que ver con el sexo, sino con la sabiduría con la que se combinan los ingredientes.[143]

Entonces, se puede dilucidar que esta combinación de ingredientes que las mujeres escritoras han rescatado de las "zonas prohibidas," y que sabiamente han podido batir para obsequiar al lector con su mezcla, es lo que ha producido el éxito de las escritoras contemporáneas. Además, y tal vez de mayor importancia, esta combinación de ingredientes, por otro lado, ha tenido como consecuencia unos cambios en los cánones lingüísticos y literarios y proveen una renovada forma de lectura.

Finalmente, deseamos aclarar que no significa el estudio de estos personajes femeninos el principio o fin de la contribución de las autoras a la cultura y a la historia literaria puertorriqueña, así como a la historia de la literatura hispanoamericana. Todavía quedan un sin fin de temas, problemas, historias que reescribir, rescatar, revisar en la historia de la mujer latinoamericana. En este estudio hemos presentado unos personajes femeninos que se desenvuelven en diferentes modos de enfrentar las visicitudes de la vida, desde el punto de vista de diferentes mujeres, con diferentes experiencias vividas. El principal compromiso en nuestro estudio ha sido el de exponer la contribución aportada por las autoras escogidas a la historia literaria puertorriqueña, así como a la literatura hispanoamericana. La obra literaria de estas autoras puertorriqueñas es una contribución afirmativa a la evolución que está ocurriendo en nuestra literatura, que como consecuencia exige unos nuevos cánones y provee una renovación a la forma de leer, tanto para las mujeres como para los hombres.

Notas

[1] Biruté Ciplijauskaité, *La novela femenina contemporánea: 1970-1985*, (Barcelona: Editorial Anthropos, 1988) 224.

[2] Nos referimos a textos como *A Room of One's Own* (1957) de Virginia Woolf y *Archetypal Patterns in Womens's Fiction* (1981) de Annis Pratt.

[3] Citado en *La novela...* de Ciplijauskaité, pág. 18, de Elizabeth Bruss, *Autobiographical Acts. The Changing Situation of a Literary Genre* (Baltimore, Johns Hopkins University Press, 1976).

[4] Cristina Peri-Rossi, "Asociaciones," *Eco* 248 (Junio 1982): 504.

[5] Ciplijauskaité 16.

[6] Se menciona a Soledad Puértolas, Lourdes Ortíz, Carmen Kurtz, Dolores Medio y Mercedes Salisachs, entre otras.

[7] Veáse el artículo "Juan Antonio Ramos: ¿escritor feminista? por Ana Lydia Vega y Carmen Lugo Filippi en *Imágenes e identidades: el puertorriqueño en la literatura.* Ed. de Asela Rodríguez de Lagune (Puerto Rico: Ediciones Huracán, 1985) 153-159.

[8] José Luis Vega, *Reunión de espejos* (Río Piedras: Editorial Cultural, 1983) 18.

[9] Humberto Padró, "Ironía del sueño" en *Cuentos de la isla presente: Antología* (San Juan: Departamento de Instrucción Pública, 1973): 46-49.

[10] José Luis Vega, *Reunion...* 19.

[11] Miguel Meléndez Muñoz, "La mujer que curaba..." en *Cuentos del cedro* (Barcelona: Ediciones RVMBOs, 1967) 119-127.

[12] Abelardo Díaz Alfaro, "El fruto" en *Terrazo* (San Juan, 1947) 29-34.

[13] En *Cuentos: an Anthology of Short Stories from Puerto Rico,* Ed. Kal Wagenheim (USA: Schocken Books Inc., 1978) 2-13.

[14] Recuérdese que en el drama *Los soles truncos* (1959), Marqués crea un mundo femenino en su totalidad. Tres mujeres se niegan a enfrentarse con el tiempo y a los cambios políticos, sociales y culturales que advinieron con el cambio de soberanía a principio del Siglo XX en Puerto Rico.

[15] Este cuento ha sido tomado de la colección de cuentos *En una ciudad llamada San Juan* (Río Piedras, 1983). Originalmente el cuento fue publicado en la *Revista del Instituto de Cultura Puertorriqueña* 37, 1958. En este cuento basó Marqués su obra *Los soles truncos*, estrenada en San Juan en 1958.

[16] Marqués 29. Esta frase Marqués la toma de la obra *Time is the Fire* de Delmore Schwartz.

[17] Incluido también en *Una ciudad llamada San Juan.* Este cuento obtuvo el Primer Premio en Concurso del Ateneo, 1955.

[18] Ambos cuentos tambien están incluidos en *Una ciudad llamada San Juan.*

[19] Debemos mencionar que algunos personajes femeninos dramáticos de Marqués, como Doña Gabriela y Juanita en *La carreta* y Casandra en *La muerte no entrará en palacios*, al final se ven realizadas e independientes.

[20] En *El puertorriqueño dócil y otros ensayos 1953-1971* (Puerto Rico: Editorial Antillana, 1977) 175.

[21] Margarite Fernández Olmos, *Sobre la literatura de aquí y de allá* 38.

[22] La crítica Concha Meléndez afirma que René Marqués introduce en la literatura puertorriqueña las ideas existencialistas, comenzando con los cuentos "El miedo" y "La muerte" (Prólogo al cuento "Otro día nuestro" de Marqués, San Juan, Imprenta Venezuela, 1955.)

[23] René Marqués, *Cuentos puertorriqueños de hoy* 19.

[24] Veáse nota a pie de página de René Marqués, en *Cuentos puertorriqueños de hoy* (1959) 31.

[25] En *Sobre la literatura puertorriqueña de aquí y de allá: aproximaciones feministas* (1989). En este estudio Margarite Fernández Olmos incluye un análisis de varios cuentos, la novela *La guaracha del Macho Camacho,* además de la obra dramática de Sánchez.

[26] Efraín Barradas, *Apalabramiento* (Hanover: Ediciones del Norte, 1983) xxii.

[27] Mariano A. Feliciano Fabre, Introducción a *En cuerpo de camisa* x.

[28] Este cuento pertenece a su colección *Cuentos a Lillian* (1925). El cuento está tomado para esta cita de *Cuentos de la isla presente*, edición del Departamento de Instrucción Pública (San Juan, 1973) 12-23.

[29] *Cuentos de la isla presente* 15.

[30] Contrario a las escritoras tratadas por Biruté Ciplisjaukaité en su estudio sobre la novela histórica europea en el cual ella señala que "muchas de las autoras de novelas históricas escogen como protagonista a una figura que de algún modo ha contribuido a la emancipación de la mujer" (*La novela femenina...*, 138).

[31] En *La sartén por el mango*. Ed. de Elena González y Eliana Ortega (San Juan: Ediciones Huracán, Inc., 1985) 137-154.

[32] El único cuentista puertorriqueño que ha ubicado un cuento en un suceso de la historia colonial de Puerto Rico ha sido René Marqués en su cuento "Tres hombres junto al río" (*En una ciudad llamada San Juan*, 1983). En este cuento el taíno se enfrenta a la enseñanza cristiana sobre la vida después de la muerte. El autor logra mostrar que la muerte iguala a los hombres y le da diginidad al taíno.

[33] Con excepción de "La caja de cristal" que cuenta la historia de unos inmigrantes que llegan vía Cuba a Puerto Rico y el protagonista es el último descendiente de esta familia. Conjuntamente con la historia de la familia, se presenta la situación histórica de Puerto Rico.

[34] Término utilizado por José Luis Vivas Maldonado en *Historia de Puerto Rico*, 1974.

[35] Veáse la relación histórica de José L. Vivas Maldonado, *Historia de Puerto Rico* 228-232.

[36] Rosario Ferré, *Maldito amor* (México: Editorial Joaquín Mortiz, 1986).

[37] Ferré, *Maldito amor* 9-79.

[38] Ferre, *Maldito...* 83-114.

[39] Ferré, *Maldito...* 117-165.

[40] Rosemary Geisdorfer Feal. "Interview with Ana Lydia Vega" en *Hispania* 1 (March 1990) 151-153.

[41] María I. Acosta Cruz. "Historia y escritura femenina en Olga Nolla, Magali Garcia Ramis, Rosario Ferré y Ana Lydia Vega." *Revista Iberoamericana* 162-163 (1993) 273.

[42] Añade José Manuel Lacomba en la "Introducción" a dicha colección, y al hablar sobre la masacre, "y en su teatro puertorriqueño, con su obra en inglés *Palm Sunday (Domingo*

de Ramos)... enfoca la misma situación, aunque con argumento e intenciones distintos" (17).

[43] El escritor que mejor presentó la situación de la imposición de la ciudadanía estadounidense, así como el idioma inglés en la isla, fue Abelardo Díaz Alfaro en su colección *Terrazo* (San Juan, 1957).

[44] Luisa Capetillo se distinguió como periodista y entre sus artículos más importantes sobresalen "Mi opinión sobre las libertades, derechos y deberes de la mujer," *The Times*, San Juan, 1911. Sus libros más conocidos son *Ensayos libertarios* y *La humanidad en el futuro*. Para una información rápida ver "Luisa Capetillo" en *Yo misma fui mi ruta: La mujer en la historia y cultura de Puerto Rico*, Centro de Investigaciones Sociales de la Universidad de Puerto Rico, (1983) 63-64. Otra mujer que abogó por los derechos de los trabajadores y especialmente, por los derechos de las despalilladoras de tabaco, fue Juana Colón (1875-1971). En varias ocasiones fue encarcelada por participar en huelgas, en las que tomaba parte con la intención de abogar por las condiciones de trabajo y condenar los salarios bajos tanto de las mujeres como de los hombres. Dedicó su larga vida a esta causa. Ver *Yo misma fui mi ruta...* 65-67.

[45] Blanca Silvestrini, "Women as Workers: The Experience of the Puerto Rican woman in the 30's," ed. Edna Acosta Belén, *La mujer en la sociedad puertorriqueña* (Río Piedras: Ediciones Huracán, 1980) 67.

[46] Silvestrini 68.

[47] El primero de marzo de 1954, para atraer la atención sobre lo que parecía ser una causa perdida, una mujer y tres hombres: Lolita Lebrón, Rafael Canal, Andrés Figueroa y Irving Flores, abrieron fuego desde una galería en la Cámara de Representantes de los Estados Unidos, hiriendo a cuatro legisladores. El fin primordial del ataque era atraer la atención de la Décima Conferencia de Asuntos Internacionales de Caracas. (Vivas Maldonado, *Historia de Puerto Rico*, 1977: 305.)

[48] Paul Miller, "The Concept of Puerto Rico as Paradise Island in the Works of Two Puerto Ricans Authors on the Mainland: Nicholasa Mohr and Edward Rivera," *Torre de Papel* 2, Vol III, (Summer 1993) 58.

[49] Miller 59.

[50] Nicholasa Mohr, "A Thanksgiving Celebration (Amy)," *Rituals of Survival: A Woman's Portfolio* (Houston: Arte Público Press, 1985) 77-88.

[51] En *Breaking Boundaries: Latina Writing and Critical Readings* (1989) 111-116.

[52] Biruté Ciplijauskaité, *La novela...* 34.

[53] Hemos adoptado la palabra "concientización" por ser el vocablo más usado por otros críticos y críticas hispanoamericanos.

[54] Para información sobre la novela de formación escrita por hombres y por mujeres veáse de Carol Gilligan, *In a Different Voice, Psychological Theory and Women's Development* (Cambridge: Harvard University Press, 1982).

[55] Margaret E. W. Jones, "Del compromiso al egoísmo: la metamorfosis de la protagonista en la novelística femenina de postguerra" en *Novelistas femeninas de la postguerra española*, ed. de Janet W. Pérez (Madrid: Ediciones José Porrúa Turanzas, 1983) 125-134.

[56] Ver la observación que hace Biruté Ciplijauskaité a este respecto en *La novela femenina*, 42.

[57] Toril Moi, *Teoría literaria feminista* (Madrid: Ediciones Cátedra, 1988) 86.

[58] Para más datos sobre el uso del espejo en la literatura femenina véase de Luce Irigaray, *Speculum, Espéculo la otra mujer.* Traducción española de Baralides Alberdi Alonso (Madrid: Saltés, 1978). Para Irigaray el "espéculo" (que en latín significa "espejo") es un instrumento masculino cóncavo que penetra en el cuerpo de la mujer.

[59] Ferré, "De la ira a la ironía, o sobre cómo atemperar el acero candente del discurso," *Sitio a Eros* (México: Joaquín Mortiz, 1986) 195.

[60] Ferré, "La muñeca menor," *Papeles de Pandora* 9-15.

[61] La chágara es una especie de camaroncillo que vive en los ríos y en Puerto Rico se le da también el nombre de guábara.
El cuento "El hombre de la pantorrilla preñada" de Jacques Lizot (en *Tales of the Yanomami: Daily life in the Venezuelan forest*, 1985), donde se cuenta cómo es la procreación biológica de los Yanomami, trata de un tema muy parecido al cuento de Ferré. En ese cuento muy corto, los hombres son los que procrean teniendo relaciones sexuales por los pies y la criatura se desarrolla en la pantorrilla del hombre que dará a luz el hijo o la hija. No sabemos si Rosario Ferré conoce este cuento, ni hasta que punto hay influencias en el cuento de Ferré.

[62] Para más datos sobre las reacciones "fantásticas" ver de Tzvetan Todorov *Introducción a la literatura fantástica*. Traducción al español por Silvia Delpy. (Argentina: Editorial Tiempo Contemporáneo, 1972) 59.

[63] Olga Nolla, *Porque nos queremos tanto* (Argentina: Ediciones de la Flor, 1989) 87-95.

[64] Para ver las implicaciones culturales y sociales en la vida puertorriqueña de este cuento ver de María I. Acosta Cruz "Historia y escritura femenina en Olga Nolla, Magali Garcia Ramis, Rosario Ferré y Ana Lydia Vega" en *Revista Iberoamericana* 162-163 (Enero-Junio 1993) 267-268.

[65] Mohr, *Rituals...* 105-158.

[66] Citado en Biruté Ciplijauskaité 69.

[67] Ferré, "La cocina de la escritura," en *La sartén por el mango* 137.

[68] Margarita Fernández Olmos, "Desde la perspectiva femenina: la cuentística de Rosario Ferré y Ana Lydia Vega" en *Homines* 2 (1984-85): 303.

[69] Biruté Ciplijauskaité, *La novela...* 165.

[70] Ciplijauskaité 165.

[71] Anaïs Nin, *The Novel of the Future* (Nueva York: Macmillan, 1968) 178.

[72] Margarite Fernández Olmos y Lizabeth Paravisini-Gebert, ed. Introducción, *El placer de la palabra: Literatura erótica femenina de America Latina (Antología),* (México: Editorial Planeta, 1985) xxiv.

[73] Ciplijauskaité, *La novela femenina* 166.

[74] Juan Manuel Marcos, "García Márquez y el arte del reportaje: de Lukács al 'postboom,'" *Revista de Literatura Hispánica* 16-17 (Fall-Spring 1982-1983): 154.

[75] Entre las más nombradas e importantes se pueden mencionar a Betty Friedan con *The Feminine Mystique* (1963), Kate Millett con *Sexual Politics* (1977), Elaine Showalter con sus artículos "Towards a Feminist Poetics" (1979) y "Feminist criticism in the wilderness" (1981) y a Sandra M. Gilbert y Susan Gubar de autoría compartida en *The Madwoman in the Attic* (1979); a las francesas Hélène Cixous con sus escritos "Le Rire de la Médusa" (1975), "Le Sexe ou la tête?" (1976) y *La venue a l'écriture* (1977), Luce Irigaray con su obra *Spéculum de l'autre femme* (1974); y Julia Kristeva, quien no ha elaborado una teoría de la "femininidad", pero sí tiene una teoría sobre la

marginalidad, la subversión, la disidencia en sus estudios sobre la lingüística (Toril Moi, *Teoría literaria feminista* 171).

[76] Ferré, "La cocina de la escritura" en *La sartén...* 147.

[77] Ferré, *Papeles de Pandora* 26-44.

[78] Margarita Fernández Olmos, *Sobre la literatura puertorriqueña de aquí y de allá: Aproximaciones feministas.*(Santo Domingo: Editora Taller, 1989).

[79] La plena es un ritmo musical que nace en el pueblo de Ponce en Puerto Rico, atribuida a los negros del sur de la isla.

[80] Según Lorraine Elena Roses "la fusión es llevada a cabo también por el deseo que siente la una de la otra, introduciendo así la idea de la bisexualidad. Una bixesualidad que tiende a corroer la oposición tajante entre lo femenino lo masculino y subvertir el machismo." En "Las esperanzas de Pandora: Prototipos femeninos en la obra de Rosario Ferré." *Revista Iberoamericana* LIX, 162-163 (Enero-Junio 1993) 285.

[81] Luce Irigaray, *Speculum, Espéculo la otra mujer,* traducción española de Baralides Alberdi Alondo, (Madrid: Saltés, 1978).

[82] Según la explicación dada por Toril Moi en su libro *Teoría literaria feminista* (Madrid: Ediciones Cátedra, 1988), la teoría feminista de Luce Irigaray expuesta en *Speculum* se trata de "una crítica que consiste en demostrar precisamente cómo el discurso de Freud, revolucionario en todos los temas que abarca, se somete en cambio a las reglas misóginas de la tradición filosófica occidental cuando trata el tema de la feminidad" (138). Según Moi explica, para Irigaray "el discurso machista sitúa a la mujer *fuera* de la representación: ella es la ausencia, la negación, el continente oscuro o, como mucho, un hombre menor" (143).

[83] Rosario Ferré, "¿Por qué quiere Isabel a los hombres?," *El Coloquio de las perras*, (Río Piedras: Editorial Cultural,1990) 115.

[84] Linda Hutcheon, *A Theory of Parody. The Teachings of Twentieth-Century Art Forms* (New York: Methuen, 1985) 6.

[85] Rosario Ferré, *Sonatinas* (Río Piedras: Ediciones Huracán, 1989).

[86] Rosario Ferré, *Sonatinas* 105.

[87] Ivette López, "El cuento al día," *Reintegro* 2 (1980): 18.

[88] Ana Lydia Vega y Carmen Lugo Filippi, *Vírgenes y mártires* (Río Piedras: Editorial Antillana, 1988). Esta colección está dividida en tres partes: la primera parte la escribió Carmen Lugo Filippi o "Scaldada", la segunda parte pertenece a Ana Lydia Vega o "Talía Cuervo" y la tercera parte goza de autoría compartida como un "Dueto."

[89] Expresión usada por María I. Acosta Cruz en "Historia y escritura femenina en Olga Nolla, Magali Garcia Ramis, Rosario Ferré y Ana Lydia Vega," *Revista Iberoamericana* 162-163 (enero-junio 1993): 273.

[90] Verificado en *El léxico de la delincuencia en Puerto Rico* por Carmen G. Altieri de Barreto (Río Piedras: Editorial Universitaria de la Universidad de Puerto Rico, .1973).

[91] Rosario Ferré, *Sitio a Eros*, 2da. edición (México: Editorial Joaquín Mortiz, S. A., 1986) 192.

[92] En *Apalabramiento: cuentos puertorriqueños de hoy*, selección y prólogo de Efraín Barradas (Hanover: Ediciones del Norte, 1983) 123-130.

[93] Rosario Ferré recoge esta idea de Anais Nin en su ensayo "La autenticidad de la mujer en el arte" en *Sitios a Eros* (1986) 39.

[94] En *Vírgenes y Mártires* 25-38.

[95] En "Incitaciones lesbianas en 'Milagros, calle Mercurio,'" *Revista Iberoamericana* 162-163 (enero-junio 1993): 309-316.

[96] Magali Garcia Ramis, "Para que un día Luz María pueda comprar los zapatos que le dé la gana," *Caribán* 5-6 (1985): 30-31.

[97] El tema del lesbianismo en los Estados Unidos está siendo muy frecuente en la crítica literaria como tópico de análisis y se tienen secciones asignadas a este tema en las conferencias literarias, como por ejemplo en la muy reconocida conferencia de MLA. Sobre la novela española ver comentarios con respecto a este tema en el texto de Biruté Ciplijauskaité, *La novela femenina contemporánea* (1988) 174. Esta crítica señala a la novela española *El mismo mar de todos los veranos* (1978) de Esther Tusquets como uno que ejemplifica la escritura rebelde por su tema sobre el lesbianismo y la representación de una crítica fuerte a la sociedad burguesa, el desafío a la iglesia y a la religión tradicional.

[98] Magali Garcia Ramis, "Para que un día Luz María pueda comprar..." 30-31.

[99] Magali Garcia Ramis, "Para que un día Luz María..." 6.

[100] Para Luz María Umpierre "una lectura homocrítica es la que hace una lectora lesbiana de un texto siguiendo o viendo la homosexualidad en él." En "Incitaciones lesbianas..." 310.

[101] Biruté Ciplijauskaité, *La novela femenina...* 166.

[102] Filippi y Vega 129.

[103] Ciplijauskaité 175. La autora explica que esta falta de amor materno explica el hambre de afecto femenino y la desviación hacia el amor lesbiano.

[104] Rosario Ferré, "La cocina de la escritura," *El sartén...* 154.

[105] En "Laugh of the Medusa," *Journal of Women in Culture and Society*, 1.4 (Chicago: The University of Chicago Press, 1976): 875-893.

[106] Donald Shaw, "Towards a Description of the Post-Boom, *BHS* LXVI (1989): 87.

[107] Philip Swanson. "Donoso and the Post-Boom: Simplicity and Subversion." *Contemporary Literature XXVIII* 28:4 (Winter 1987): 520.

[108] Philip Swanson, "Donoso and the Post-Boom..." 257.

[109] Mempo Giardinelli, "Variaciones sobre la posmodernidad (o ¿Qué es eso del posboom latinoamericano?," *Puro Cuento* (julio-agosto 1990): 30-32.

[110] Antonio Skármeta, "Al fin y al cabo, es su propia vida la cosa más cercana que cada escritor tiene para echar mano," *Más allá del boom: Literatura y mercado* (México: Marcha Editores, 1981): 263-285.

[111] Antonio Skármeta, "Al fin y al cabo..." 267.

[112] Juan Armando Epple, "Estos novísimos narradores hispanoamericanos," *Texto Crítico* IX (1978) 144.

[113] Donald Shaw, "Towards a Description..." 90.

[114] Deseamos en el caso del *Postmodernismo* perseguir y adaptar la idea de Octavio Paz de no aplicar términos ingleses con el objetivo de criticar textos hispanoamericanos. Por aquello de esclarecer un poco nuestras ideas deseamos sí señalar que según Jean Francois Lyotard en su libro *The Postmodern Condition: A Report on Knowledge* (Minnesota: University of Minnesota Pres, 1984), "posmodernidad" es una palabra que "is in current use on the American continent among sociologist and critics; it designates the state of our culture following the transformations which, since the end

of the nineteenth century, have altered the game rules for science, literature, and the arts" (xxiii). Concordamos con Iris M. Zavala al aclarar en su libro *La posmodernidad y Mijail Bajtin* (Madrid: Espasa-Calpe, 1991), que esta afirmación de Lyotard podría ser más precisa si el crítico hubiera reducido su frase al continente Norteamericano y no incluír al Sur. La crítica va más allá y con dureza observa que es frecuente en la práctica de los críticos contemporáneos el modo de dar a la palabra "American" un significado "jerárquico y revelador que excluye el continente del Sur menos desarrollado económicamente y neutraliza las diferencias colonialista/no-colonialista (223).

Además, y según entendemos, "posmodernidad" es una actitud que se ha reflejado durante siglos que no categoriza en género, tiempo o espacio.

Para Zavala, el posmodernismo "quizá podría mantenerse como un concepto transitorio aplicable a algunos proyectos y análisis de la cultura contemporánea, pero que, sin embargo, no puede ser válido como denominación pan-global" (216).

[115] Según los críticos, la actitud posmodernista se acrecenta en los años sesenta. Ver Lyotard, *The Postmodern Condition* 79.

[116] Iris M. Zavala, *La posmodernidad y Mijail Bajtin* 220.

[117] Esta observación aparece en el libro de Elzbieta Sklodowska, *La parodia en la nueva novela hispanoamericana* (Philadelphia: John Benjamins Publishing Co., 1991): 93, tomado del estudio inédito de Neil Larsen, "Latin America and Postmodernity: A Brief Theoretical Sketch," que el crítico le facilitó a la autora.

[118] Helena Araujo, "Escritoras latinoamericanas: ¿Por fuera del 'Boom'?," *Quimera* (Abril 1983): 8.

[119] Rosario Ferré, *El coloquio de las perras* (Río Piedras: Editorial Cultural, 1990).

[120] Ferré, *Coloquio* 9-59.

[121] Ferré se refiere a los cuentos de Borges "La viuda Ching, pirata"; "Historia del guerrero y la cautiva"; y "Emma Zunz." Ferre, *Coloquio* 15.

[122] Ver *Cortázar: El romático en su observatorio* (Río Piedras: Editorial Cultural, 1990).

[123] Se refiere la autora a los cuentos de Cortázar: "Lejana", "Los buenos servicios", "La barca, nueva visita a Venecia", "Historia con migalas" y "Recortes de prensa." Ferré, "El coloquio..." 27.

[124] Mempo Giardinelli, "Variaciones sobre la posmodernidad..." 32.

[125] Veáse el artículo de Juan Manuel Marcos, "García Márquez y el arte del reportaje: De Lukács al 'postboom'", *Revista de Literatura Hispánica* 16-17 (1982-1983): 147-154. También de Donald Shaw, "Towards a Description of the Post-Boom" (1989).

[126] Juan Manuel Marcos, "García Márquez y el arte del reportaje" 153.

[127] Jean Franco, "Apuntes sobre la crítica feminista y la literatura hispanoamericana," *Hispamérica* 15:45 (Dic 1986): 31-43.

[128] Jean Franco, "Apuntes..." 42.

[129] Jean Franco 42.

[130] Antonio Skármeta 275.

[131] Ver *Sitios a Eros* (México: Joaquín Mortiz, 1980).

[132] El padre de Ferré fue Gobernador de Puerto Rico desde el 1968 al 1972 y siempre, hasta el día de hoy, ha abogado por la anexión de Puerto Rico como estado de la unión norteamericana. Por el contrario, Rosario Ferré favorece la independencia.

[133] Armando Epple, "Estos novísimos narradores..." 145.

[134] Elzbieta Sklodowska, *La parodia en la nueva novela hispanoamericana* 145.

[135] Sklodowska 145.
[136] Ana Lydia Vega. "Ahí viene Mama Yona" en *Vírgenes y Mártires* (Río Piedras: Editorial Antillana, 1988) 119-123.
[137] Mempo Giardinelli, "Variaciones..." 32.
[138] Veáse por ejemplo de Nancy Chodorow, *The Reproduction of Mothering* (Berkeley: University of California Press, 1978).
[139] Judith Kegan Gardiner, "On Female Identity and Writing by Women," *Critical Inquiry. Writing and Sexual Difference* 2 (Winter 1981) 356.
[140] Ferré, "Coloquio de las perras" 53.
[141] Vega, *Pasión de historia y otras historias de pasión* (Buenos Aires: Ediciones La Flor, 1987) 37-51.
[142] Juan Manuel Marcos, "Isabel viendo llover en Barataria," *De García Marquez al Postboom* (Madrid: Editorial Orígenes, 1986) 104.
[143] Ferré, "La cocina de la escritura" 154.

OBRAS CITADAS

Acosta Cruz, María I. "Historia y escritura femenina en Nolla, Magali Garcia Ramis, Rosario Ferré y Ana Lydia Vega." *Revista Iberoamericana* 162-163 (enero-junio 1993): 265-277.

Aguinaldo Puerto-riqueño de 1843. México: Editorial Orion, 1946. Esta edición fue publicada por la Junta Editora de la Universidad de Puerto Rico.

Alonso, Manuel A. *El Gíbaro*. San Juan: Instituto de Cultura Puertorriqueña, 1974.

Altieri de Barreto, Carmen G. *El léxico de la delincuencia en Puerto Rico*. Río Piedras: Editorial Universitaria de la Universidad de Puerto Rico, 1973.

Araujo, Helena. "Escritoras latinoamericanas: ¿Por fuera del 'Boom'?" *Quimera* (Abril 1983): 8.

Barradas, Efraín. *Apalabramiento*. Hanover: Ediciones del Norte, 1983.

Boling, Becky. "The Reproduction of Ideology in Ana Lydia Vega's 'Pasión de historia' and 'Caso omiso'." *Letras Femeninas* XVIII (1991): 89-97.

Cadilla de Martinez, María. "El pródigo." *Cuentos de la isla presente*. San Juan: Edición del Departamento de Instrucción Pública de Puerto Rico, 1973.

Chodorow, Nancy. *The Reproduction of Mothering*. Berkeley: University of California Press, 1978.

Ciplijauskaité, Biruté. *La novela femenina contemporánea: 1970-1985*. Barcelona: Editorial Anthropos, 1988.

Cixous, Hélène. "The Laugh of the Medusa." *The Journal of Women in Culture and Society* 1.4 (Summer 1976): 875-893.

Cuentos de la Isla Presente: Antología. San Juan: Departamento de Instrucción Pública de Puerto Rico, 1973.

Díaz Alfaro, Abelardo. *Terrazo*. San Juan, 1957.

Epple, Juan Armando. "Estos novísimos narradores hispanoamericanos." *Texto Crítico* IX (1978): 143-46.

Falcón, Rafael. "La emigración a Nueva York en el cuento puertorriqueño." *Cuadernos Hispanoamericanos* 451-452 (enero-febrero 1988): 87-85.

Feeny, Thomas. "Woman's Triumph over Man in René Marqués's Theater." *Hispania* 65 (May 1982): 187-193.

Fernández Olmos, Margarite. *Sobre la literatura de aquí y de allá: Aproximaciones feministas*. New York: Alfa & Omega, 1989.

____. "Desde la perspectiva femenina: la cuentística de Rosario Ferré y Ana Lydia Vega." *Homines* 2 (1984-1985): 303. También en inglés en *Contemporary Women Authors of Latin America.* Ed. Doris Meyer and Margarite Fernández Olmos. New York: Brooklyn College Press, 1983.

____y Lizabeth Paransini-Gebert, eds. Introducción. *El placer de la palabra: Literatura erótica femenina de America Latina (Antología crítica).* México: Editorial Planeta, 1985. xii-xxiv.

Ferré, Rosario. *Papeles de Pandora*. México: Joaquín Mortiz, 1976.

____. *La sartén por el mango.* ed. de Elena González y Eliana Ortega. Río Piedras: Edición Huracán, Inc., 1984.

____. *Maldito amor*. México: Joaquín Mortiz, 1986.

____. *Sitio a Eros*. México: Joaquín Mortiz, 1986.

____. *Sonatinas*. Río Piedras: Ediciones Huracán, Inc., 1989.

____. *El coloquio de las perras*. Río Piedras: Editorial Cultural, 1990.

Franco, Jean. "Apuntes sobre la crítica femenista y la literatura hispanoamericana." *Hispamérica* 15:45 (Dic 1986): 31-43.

Garcia Ramis, Magali. "Flor de Cocuyo." *Apalabramiento: Cuentos Puertorriqueños de Hoy*. Hanover: Ediciones del Norte (1983): 123-130.

____. "Una semana de siete días." *Reunión de espejos*. San Juan: Editorial Cultural (1983): 11-118.

____. "Para que un día Luz María pueda comprar los zapatos que le dé la gana." *Caribán* 5-6 (1985): 30-31.

Geisdorfer Feal, Rosemary. "Interview with Ana Lydia Vega." *Hispania* 1 (March 1990): 151-153.

Giardinelli, Mempo. "Variaciones sobre la posmodernidad (o ¿Qué es eso del posboom latinoamericano?" *Puro Cuento* (julio-agosto 1990): 30-32.

Handelsman, Michael H. "Desnundando al macho: Un análisis de 'Letra para salsa y tres soneos por encargo'." *Revista/Review Interamericana* 12.4 (Winter 1982-83): 559-564. Hernández Aquino, Luis. *El Modernismo en Puerto Rico*. San Juan: Editorial Universitaria, 1977.

Horno-Delgado, Asunción, *et al.*, eds. *Breaking Boundaries: Latina Writings and Critical Readings.* Amherst: The University of Mass. Press, 1989.

Hutcheon, Linda. *A Theory of Parody. The Teaching of Twentieth-Century Art Forms*. New York: Methuen, 1985.

Irigaray, Luce. *Speculum, Espéculo de la otra mujer.* Traducción española de Baralides Alberdi Alonso (Madrid: Saltés, 1978).

Jones, Margaret E. W. "Del compromiso al egoísmo: la metamorfosis de la protagonista en la novelística femenina de postguerra." *Novelistas femeninas de la postguerra española*. Ed. Janet W. Pérez. Madrid: Ediciones José Porrúa Turanzas, 1983.

Kegan Gardiner, Judith. "On Female Identity and Writing by Women." *Critical Inquiry. Writing and Sexual Difference* 2 (Winter 1981): 356.

López, Ivette. "El cuento al día." *Reintegro* 2 (1980): 18.

Lyotard, Jean-Francois. *The Postmodern Condition: A Report on Knowledge*. Minnesota: University of Minnesota Press, 1984.

Marcos, Juan Manuel. *De García Márquez al Posboom*. Madrid: Editorial Orígenes, 1986.

____. "García Márquez y el arte del reportaje: de Lukács al 'postboom'." *Revista de Literatura Hispánica* 16-17 (Fall-Spring 1982-1983): 154.

Marqués, René. *En una ciudad llamada San Juan*. 5ta. ed. San Juan: Editorial Cultural, 1983.

____. *Cuentos puertorriqueños de hoy*. Río Piedras: Editorial Cultural, 1971.

____. *El puertorriqueño dócil y otros ensayos 1953-1971*. San Juan: Editorial Antillana, 1977.

Meléndez, Concha. *El arte del cuento en Puerto Rico*. New York: Las Américas Publishing Co., 1961.

Meléndez Muñoz, Miguel. *Cuentos del cedro*. Barcelona: Ediciones RUMBOS, 1967.

Miller, Paul. "The Concept of Puerto Rico as Paradise Island in the Works of Two Puerto Ricans Authors on the Mainland: Nicholasa Mohr and Edward Rivera." *Torre de Papel* 2, Vol III (Summer 1993): 58.

Mohr, Nicholasa. *Rituals of Survival: A Woman's Portfolio*. Houston: Arte Público Press, 1985.

Moi, Toril. *Teoría literaria feminista*. Madrid: Ediciones Cátedra, 1988.

Nolla, Olga. *Porque nos queremos tanto*. Argentina: Ediciones de la Flor, 1989.

Nin, Anaïs. *The Novel of the Future*. New York: MacMillan, 1968.

Padró, Humberto. "Ironía del sueño." *Cuentos de la isla presente: Antología*. San Juan: Departamento de Instrucción Pública, 1973.

Peri-Rossi, Cristina. "Asociaciones." *Eco* 248 (Junio 1982): 504.

Rodríguez de Lagune, Isela, ed. *Images and Identities: The Puerto Rican in Two World Contexts*. New Brunswick: Transaction Books, 1987.

Rosa Nieves, Cesáreo. *El costumbrismo literario en la prosa de Puerto Rico: Antología*. San Juan: Editorial Cordillera, Inc., 1971.

Roses, Lorraine Elena. "Las esperanzas de Pandora: Prototipos femeninos en la obra de Rosario Ferré." *Revista Iberoamericana* 162-163 (Enero-Junio 1993): 279-287.

Sánchez, Luis Rafael. *En cuerpo de camisa*. San Juan: Editorial Cultural, 1984.

Shaw, Donald. "Towards a Description of the Post-Boom." *BHS* LXVI (1989): 87.

Silvestrini, Blanca. "Women as Workers: The Experience of the Puerto Rican women in the 30's." *La mujer en la sociedad puertorriqueña*. Ed. Edna Acosta Belén. Río Piedras: Ediciones Huracán, 1980.

Skármeta, Antonio. "Al fin y al cabo, es su propia vida la cosa más cercana que cada escritor tiene para echar mano." *Más allá del boom: Literatura y mercado*. México: Marcha Editores, 1981.

Sklodowska, Elzbieta. *La parodia en la nueva novela hispanoamericana (1960-1985)*. Philadelphia: John Benjamins Publishing Co., 1991.

Swanson, Philip. "Donoso and the Post-Boom: Simplicity and Subversion." *Contemporary Literature* 28:4 (Winter 1987): 520-529.

Umpierre, Luz María. "Incitaciones lesbianas en 'Milagros, Calle Mercurio', de Carmen Lugo Filippi." *Revista Iberoamericana* 162-163 (enero-junio 1993): 309-316.

Vega, Ana Lydia. *Encancaranublado y otros cuentos de naufragio*. Río Piedras: Editorial Antillana, 1983.

____. y Carmen Lugo Filippi. *Vírgenes y Mártires*. Río Piedras: Editorial Antillana, 1981.

____. *Pasión de historia y otras historias de pasión*. Buenos Aires: Ediciones La Flor, 1987.

Vega, José Luis. *Reunión de espejos*. Río Piedras: Editorial Cultural, 1983.

Vivas Maldonado, José Luis. *Historia de Puerto Rico*. New York: L. A.Publishing Co., Inc., 1974.

Wagenheim, Kal, ed. *Cuentos: an Anthology of Short Stories from Puerto Rico*. USA: Schocken Books, 1978.

Zavala, Iris M. *La posmodernidad y Mijail Bajtin: Una poética dialógica*. Madrid: Espasa Caple, 1991.

ÍNDICE

WOR(L)DS OF CHANGE

Latin American & Iberian Literature

Kathleen March, Editor

This series deals with the relationship between literary creation and the social, political, and historical contexts in which it is produced. The types of volumes may include critical analyses of one or more works by one or several authors; critical editions of important works that may have been out of print for a long time, but which represent a major contribution to literature of the Iberian Peninsula or Latin America, English translations of important works, with critical introduction. Topics for Latin America include: studies of representative works of nineteenth- and twentieth-century thought, poetic portrayals of history, subgenres (fictionalization of the rural and urban social structures); historical novels; literature of exile; re-readings of colonial texts; new approaches to the figure of the Indian and other representatives of transculturation; women writers and other less studied authors. Topics for Spain and Portugal include: writing and nationalism in the Spanish State; bilingualism and the literary texts; censorship and exile; new and renewed genres such as autobiography and testimony; the formation of the avant-garde. Formal studies are expected to bear out the general contextual focus of the series. The use of recent developments in literary criticism is especially appropriate. The series also seeks to contribute to the understanding and accuracy of interpretation of the writing which has combined European elements with indigenous and African ones as well as to the understanding of the dynamics behind such major cultural issues as the formation of literary trends or subgenres, national identities, the effects of postcolonial status on literary imagination, the appearance and experience of women writers, and the relationships between postmodernism and Ibero American writing. The series title is inclusive of literatures which are geographically, historically, or politically related and whose comparison is relevant to Spanish and Spanish American writing. This means those written in the other three languages of Spain, in Portugal, and in Brazil. Comparative studies in which colonial or post colonial themes are prevalent may also be appropriate, if one of the literatures is in either Spanish or Portuguese. The breadth of the geographical area is intended to provide a forum for revealing and interpreting its multicultural aspects.

For additional information about this series or for the submission of manuscripts, please contact Peter Lang Publishing, Inc., Acquisitions Department, 516 N. Charles St., 2nd Floor, Baltimore, MD 21201.